A Nova Era Tecnológica
Redes Sociais, Realidade Virtual, e Inteligência Artificial
Um olhar psicanalítico e social

Caio Garrido E Fábio C. Zuccolotto

Copyright © 2022 by Editora Letramento
Copyright © 2022 by Caio Garrido E Fábio C. Zuccolotto

Diretor Editorial | Gustavo Abreu
Diretor Administrativo | Júnior Gaudereto
Diretor Financeiro | Cláudio Macedo
Logística | Vinícius Santiago
Comunicação e Marketing | Giulia Staar
Assistente de Marketing | Carol Pires
Assistente Editorial | Matteos Moreno e Sarah Júlia Guerra
Designer Editorial | Gustavo Zeferino e Luís Otávio Ferreira
Revisão | Daniel Rodrigues Aurélio
Capa | Sergio Ricardo
Diagramação | Isabela Brandão

Todos os direitos reservados. Não é permitida a reprodução desta obra sem aprovação do Grupo Editorial Letramento.

Dados Internacionais de Catalogação na Publicação (CIP) de acordo com ISBD

G694v   Garrido, Caio

A nova era tecnológica: redes sociais, realidade virtual, e inteligência artificial: um olhar psicanalítico e social / Caio Garrido, Fábio Zuccolotto. - Belo Horizonte, MG : Letramento ; Temporada, 2022.
186 p. ; 15,5cm x 22,5cm.

Inclui bibliografia.
ISBN: 978-65-5932-212-1

1. Tecnologia. 2. Realidade virtual. 3. Inteligência artificial. 4. Psicanálise. 5. Rede social. I. Zuccolotto, Fábio. II. Título.

CDD 600
2022-1885   CDU 6

Elaborado por Vagner Rodolfo da Silva - CRB-8/9410

Índice para catálogo sistemático:
1. Tecnologia 600
2. Tecnologia 6

Rua Magnólia, 1086 | Bairro Caiçara
Belo Horizonte, Minas Gerais | CEP 30770-020
Telefone 31 3327-5771

TEMPORADA
é o selo de novos autores do
Grupo Editorial Letramento

editoraletramento.com.br • contato@editoraletramento.com.br • editoracasadodireito.com

E era toda a terra duma mesma língua, e duma mesma fala;

E aconteceu que, eles partindo do Oriente,

acharam um vale na terra de Sinear, e habitaram ali.

E disseram uns aos outros: Eia, façamos tijolos, e queimemo-los bem.

E foi-lhes o tijolo por pedra, e o betume por cal.

*E disseram: Eia, edifiquemos nós uma cidade e
uma torre cujo cume toque nos céus,*

*E façamo-nos um nome, para que não sejamos
espalhados sobre a face de toda a terra.*

*Então desceu o Senhor para ver a cidade e a torre
que os filhos dos homens edificavam;*

*E disse: Eis que o povo é um, e todos têm uma mesma
língua, e isto é o que começam a fazer; e agora, não haverá
restrição para tudo o que eles intentarem fazer.*

*Eia, desçamos, e confundamos ali a sua língua, para
que não entenda um a língua do outro.*

*Assim o Senhor espalhou dali sobre a face de toda
a terra, e cessaram de edificar a cidade.*

Mito da Torre de Babel – Gênesis

7   UM PRESENTE DISTÓPICO   *[Caio Garrido]*

11   INTRODUÇÃO

17   I – A REVOLUÇÃO TECNOLÓGICA

19   II – IMPACTOS DO USO DA ALTA TECNOLOGIA

25   III. A GLOBALIZAÇÃO
25   A hipermodernidade tem seu preço
27   Imersão
29   Que tédio tudo isso!

31   IV. PERVERSÃO
34   Perversão nos jogos online

**36   V – A CONSTANTE EXTINÇÃO DE FERRAMENTAS NA
       INTERNET E A ECONOMIA NARCÍSICA NAS REDES**
36   Os blogs
36   A evitação da intimidade
39   Prestígio social e Narcisismo

41   VI – VÍNCULOS E IDENTIFICAÇÃO
46   O amor nos tempos do cólera tecnológico
58   Objeto e espaço transicional nos espaços e relações virtuais

62   VII - DEPENDÊNCIA

63   VIII – REALIDADE VIRTUAL E REALIDADE PSÍQUICA
64   A ficção da realidade
66   A realidade virtual
74   Inteligência artificial & realidade psíquica

77   IX – REDES SOCIAIS, O FUTURO DE UMA ILUSÃO & CIVILIZAÇÃO

87   X – CONCLUSÕES?

95   XI – CONSIDERAÇÕES FINAIS

101   **O SUJEITO ENTRÓPICO**   [*Fábio C. Zuccolotto*]

107   **INTRODUÇÃO**

111   **1. ESTRUTURA E REDE SOCIAL**

111   1.1. A ESTRUTURA

117   1.2. A REDE SOCIAL

123   **2. GLOBALISMO E "DESESTRUTURAÇÃO": NOVAS FORMAS DE PRAZER E SOFRIMENTO**

125   2.1. O *STATUS QUO* GEOPOLÍTICO

127   2.2. O *STATUS QUO* SOCIOCULTURAL: EXISTENCIALISMO DE CONSUMO

131   2.2.1.OSTENTAÇÃO

134   2.3. O *STATUS QUO* ECONÔMICO: RAZÃO, INCONSCIENTE E "DESESTRUTURAÇÃO"

134   2.3.1. RAZÃO – A ORGANIZAÇÃO DAS NEUROSES

137   2.3.2.INCONSCIENTE – A ORGANIZAÇÃO DAS PSICOSES

139   2.3.3.A "DESESTRUTURAÇÃO"

142   **3. A CUSTOMIZAÇÃO IDENTITÁRIA COMO RESPOSTA AO DESENRAIZAMENTO**

150   **4. REDE SOCIAL VIRTUAL**

151   4.1. A DINÂMICA ENTRE AS REDES SOCIAIS PARCIAIS NO MUNDO FÍSICO

153   4.2. REDES SOCIAIS VIRTUAIS, INFANTILIZAÇÃO E PRIVACIDADE: A QUEBRA DO LIMITE ENTRE O PÚBLICO E O PRIVADO

156   4.3. A MERCANTILIZAÇÃO DAS RELAÇÕES NAS REDES SOCIAIS VIRTUAIS E AS BOLHAS

159   4.3.1. O NASCIMENTO DO "USUÁRIO"

161   4.3.2.O CONDICIONAMENTO DO USUÁRIO-PRODUTO

164   4.4. EXISTIR, APARECER E SER-TER: *DIGITAL INFLUENCERS*

171   **ANEXO - TEORIZAÇÃO PRELIMINAR SOBRE A METAPSICOLOGIA DA ENTROPIA**

183   **REFERÊNCIAS BIBLIOGRÁFICAS**

Um presente distópico

Caio Garrido

À Vanessa, Luisa & Alicia,
com a fugidia luz do primeiro olhar,
quase utópico,
que hoje ainda brilha,
e iluminará
mais que qualquer tecnologia.

INTRODUÇÃO

De uma forma geral, é certo que a comunicação humana aumentou muito em quantidade nos últimos tempos. É certo também que na esfera qualitativa o mesmo não tem ocorrido. Houve muito pouco a acrescentar em eficácia e profundidade de linguagem com a investida da tecnologia na cultura. Poderíamos até dizer que mais dificultou do que ajudou no entendimento comum entre partes que dialogam ou dizem dialogar.

O Mito da Torre de Babel se faz útil neste primeiro momento.

Uma torre que é construída pelos homens para tocar os céus e atingir o divino. Deus, furioso pela arrogância humana na Terra, confunde as línguas dos seres que lá habitam, castigando e condenando-os a falar em línguas diferentes, e assim os tornando escravos de suas diferenças, dissonâncias, incoerências, desencontros e contradições. Ou seja, dos labirintos da linguagem. Trata-se de um mito presente na Bíblia – mas que poderia estar em qualquer outro lugar – onde os babilônicos, representando o povo descrito no relato, desistem do projeto da torre e passam a viver e se espalhar por diversos países.

As consequências podem ser vistas até hoje se encararmos os mitos como histórias carregadas de verdades sobre nosso mundo interno.

Desde que o mundo é mundo, o espaço terrestre fora habitado por estranhas criaturas, de minúsculos órgãos e apetites até animais de tamanho descomunal. Bichos gosmentos ou sedosos, voadores ou aquáticos, domésticos ou perigosos, inofensivos ou agressivos; Organismos de toda ordem. Dentre eles, nós, seres humanos, aparecemos: entes que carregam em si um misto de seres. Carregariam em si a evolução das espécies.

Ainda assim, um tipo de ser que, por incrível que pareça, continua estranho a si mesmo. Um estranho que nos habita, como há algum tempo (muito ou pouco?) Sigmund Freud nos comunicou.

Um tipo de ser que deseja dominar tudo o que encontra, e que desenha o mundo conforme sua imagem, semelhança, imaginação e idealização. Um ser que sonha.

Desejamos correr, povoar, nadar, adentrar à quarta ou quinta dimensão, realizar voos interestelares, conhecer, desconhecer, perder a consciência. E é verdade inequívoca que somos muito mais perigosos que qualquer um dos que já passaram pela Terra.

Estudos recentes apontam que estamos entrando em uma nova era geológica. No 35º Congresso Geológico Internacional, ocorrido em 2016, na Cidade do Cabo, África do Sul, a comissão encarregada pela União Internacional das Ciências Geológicas (UICG) recomendou o reconhecimento oficial do início de uma nova época geológica, chamada *Antropoceno*, devido ao impacto causado pelo ser humano na Terra.

A era da qual vamos tratar contempla grande parte desse novo ciclo, a que poderíamos chamar de *era tecnológica*, digital ou virtual. Ou até Era da Informação. Ou mais ainda, das novas tecnologias.

O mais importante aqui não é o nome, mas os efeitos em nossa época.

É evidente que tal época traz um risco como nenhuma antes trouxe. Um risco para nós, para a natureza, para o futuro da vida tal qual a conhecemos. Esse alerta não é de forma alguma uma predisposição moral para iniciarmos essa conversa. Mas sim algo indelegavelmente próprio da estrutura em que nos encontramos. Causa e efeito daquilo que somos; um rio que já aponta para uma queda irreversível.

De qualquer forma, tal época ou era pode muito bem estar desaguando a partir dos limites e extremos deste novo período denominado Antropoceno, do qual já acenam que estamos.

A questão principal que envolve tudo isso é se estamos evoluídos o suficiente para lidarmos com a tecnologia. Não me parece plausível que estamos prontos a fazer um bom uso das altas tecnologias. Além disso, é evidente o despreparo para as mais altas funções psíquicas, das quais a grande maioria das pessoas no mundo mal teve contato.

Nunca fomos uma espécie responsável e ética.

Em suma, não parecemos estar preparados para as mudanças que a tecnologia traria à vida de todos.

Imaginemos um cenário no qual as inovações tecnológicas em curso se concretizem e avancem a limites impensáveis: a inteligência artificial, a robótica, a internet das coisas, veículos autônomos, impressão em 3D, nanotecnologia, biotecnologia, armazenamento de energia e computação quântica, entre outros. Com os respectivos efeitos, consequências e impactos, tais como: uso indiscriminado de nanotecnologia para construção de armas; neurotecnologias; uso de mídias sociais e plataformas digitais que "empoderam" os cidadãos, mas ao mesmo tempo os deixam vulneráveis a serem vigiados e manipulados.

Voltando aos seres que povoaram este extenso globo, dirigimos nosso olhar para um em especial, o dinossauro.

Nossas narrativas e filmes já se esmeraram na tarefa de representá-lo nos livros ou telas. Na tentativa ousada de conhecer um período instigante à nossa imaginação, usamos de todas as nossas faculdades intelectivas e artísticas. Uso este exemplo dos dinossauros, pois, fundamentalmente, a ciência não nos une nem nos satisfaz. Não é suficiente para dar conta da necessidade humana de conhecer e representar. Ou seja, é preciso algo mais que a ciência.

E não é preciso dizer que é o avanço tecnológico o cume desse precipício ao qual nos jogamos. A tecnologia evidentemente vem ancorada na ciência, mas com o olhar posicionado em um horizonte cheio de imaginação e desejo.

Mas não é a tecnologia a vilã dessa história. A tecnologia avançou a tal ponto que somos diariamente instados e desafiados a prosseguir evoluindo na mesma direção, com o custo, caso não a seguirmos, de nos tornarmos obsoletos, ficarmos distantes da realidade material na qual vivemos, podendo acarretar ostracismo no trabalho, perda de conexão com as tendências culturais de uma sociedade em particular, isolamento e dificuldades de comunicação com os semelhantes, entre outros.

E são imprevisíveis os resultados desse caminho. Um futuro que nos envolve e encurrala, prometendo trazer uma espécie de fusão entre mundo real e virtual é um dos cenários possíveis; uma espécie de imersão aos quais muitos de nós poderão ficar enredados.

A revolução tecnológica nos parece irreversível e irresistível. Uma revolução que poderíamos tipificar como de caráter global, com uma dimensão capaz de abranger muitos povos, é também a que traz mais questionamentos. Tempos que escoam por nossos dedos, em meio a teclas, telas e aplicativos.

Para evocar esse tempo vindouro, mas também onipresente, trago da cripta à pena Goethe, importante pensador e escritor do final do século XVIII e início do século XIX. É em *Fausto*, uma de suas principais obras – e muito lembrada por Freud –, que aparece a seguinte formulação:

> O que chamas o espírito dos tempos
> É, no fundo, o espírito das pessoas
> Em quem os tempos se refletem.

A busca do espírito da época (*Zeitgeist*) – que pode ser considerada como um dos propósitos do psicanalista – é a tarefa a que nos propomos neste livro, tal qual disse Jacques Lacan certa vez: "Que antes renuncie à prática da psicanálise quem não conseguir alcançar em seu horizonte a subjetividade de suá época."

O *Zeitgeist* – termo alemão que busca traduzir isso em uma palavra –, tão buscado por filósofos, artistas, escritores e pensadores em geral, está nessa "advertência" de Lacan. Mostra tão proximamente quanto possível um axioma de Freud, que diz da psicologia individual como inseparável da psicologia social.

Dentro dessa psicologia social, e no espírito de nossa época digital, buscaremos encontrar um pouco mais de quem somos, um pouco do espírito de toda essa gente, que agora se aglomera nas regiões virtuais. Qual será nosso lugar no mundo?

Alguns acreditam que vivemos uma espécie de mito 'zumbi', como dizem alguns escritores – aqui o termo *zumbi* como sinônimo de alma penada, corpo sem alma, morto-vivo.

Trata-se então de uma importante reflexão para o nosso tempo e para a psicanálise como instituição de pensamento moderna (e de certa forma ainda nascente). Dado que estamos quase que engolfados por este mundo virtual, o pensamento psicanalítico precisa estar vivo o suficiente para dar conta de tanta desconexão existente, e pode ter muito a oferecer e agregar na reflexão sobre tal estado de coisas. Além disso, tem muito a se desenvolver a partir dessa rede de desencontros.

Nosso intento é valorizar o questionamento e o pensamento próprio. Pois este é o lugar da psicanálise: estimular o pensamento próprio. Que não vem de graça. Que dá trabalho.

Freud estabeleceu e reuniu muitos dos parâmetros aos quais pretendemos nos dirigir para atingir nossos objetivos: princípio de realidade, princípio de prazer-desprazer, o mal-estar da civilização, delírio, interpretação, sonho, narcisismo, entre muitos outros conceitos.

Do mundo tecnológico abordaremos alguns temas, ferramentas e linguagens empregadas, desde seu aparecimento até os dias atuais: internet, celulares, redes sociais, Facebook, WhatsApp, Orkut, Tinder, videogames, microcomputadores, tablets, Ipads, Iphones, Ipods, redes, "nuvem", Skype, MSN, mensagens de texto, Google, Dark Web, Netflix, Guitar Hero, avatares, Atari, Youtube, chats, Instagram, selfie...

Desde sempre ouvimos o seguinte argumento, vindo até mesmo de filósofos e psicanalistas: "Ah, mas quando surgiu a TV, a discussão era a mesma; o medo de que a aparição da TV pudesse determinar o fim do rádio. Depois, o aparecimento da internet significaria o fim da televisão." O que está em jogo agora é que o desenvolvimento da tecnologia, regido pela falta de sustentabilidade, pode levar ao fim não só a TV, a mídia impressa ou o rádio, mas ao nosso próprio fim.

Isso poderia até parecer conversa apocalíptica de boteco, porém, sem deixar a autocrítica de lado, podemos pensar que certamente existe um ponto de saturação na aquisição e desenvolvimento de tanta tecnologia, criando assim mundos virtuais que se mesclam com o mundo real, e que pode levar as coisas a um estado de paroxismo impensável.

Nossa época é muito diferente das anteriores (da mudança do rádio para a TV, da TV para a internet). Agora não somos mais somente espectadores passivos desses veículos de comunicação em massa. Houve um salto muito maior. Hoje, além de consumidores passivos, somos todos participantes, criadores, e protagonistas desses espaços virtuais – por mais paradoxal que isso possa parecer, devido ao grau de manipulação midiática a que estamos submetidos. Ou pelo menos temos a ilusão de que somos os *protagonistas* – o que é muito mais plausível e provável.

De qualquer forma, habitamos esses *lugares*. E isso diverge muito do que vivenciamos em outros períodos, tão próximos a este que agora vigora quanto o dia de ontem.

Ao iniciar a escrita deste projeto e livro, obviamente utilizamos muito da tecnologia, não só com o uso predominante do computador e similares, mas também escrevendo notas a si mesmo por e-mail, gravando a voz e anotando no celular, rabiscando e borrando no tablet, etc. Mas, por último, não poderíamos esquecer do papel! Salutar salvação em muitos momentos.

Quanto a questões de informação na web, estamos hoje viciados em ignorância, adictos em tornarmo-nos manipulados, talvez como nunca antes. É uma paixão.

Vemos a quantidade excessiva e inescrupulosa de "informação" pela rede produzindo mais ignorância e mentira do que verdade. É algo maior que as perversas e famigeradas *fake news*. Como diz Iain McGilchrist, renomado psiquiatra e escritor britânico:

O mundo parece um monte de fragmentos, e é difícil ver como se juntam. E o tipo de compreensão que era capaz de ver o que as coisas significam foi perdido. A sabedoria foi substituída pelo conhecimento, e o conhecimento foi substituído pela informação e pedaços de dados, blocos de dados.[1]

Importante salientar também que, teórica e hipoteticamente, apesar de nos dirigirmos como *psicanalistas*, não nos furtaremos em pensar tal complexidade de questões a partir de outros vértices de pensamento, como as do jornalista, filósofo, ou dos escritores, entre outros. O método é a observação ininterrupta da realidade que se desdobra a cada momento, e o principal pré-requisito que nos impusemos para a realização deste trabalho é que ele fosse escrito no contexto de quem vive de dentro a experiência desse mundo tecnológico. Isto é, como usuários, e não apenas observadores de fora. Haveria então uma espécie de *terceiro analítico*.[2]

O futuro distópico é logo ali! Nos vemos adiante.

E se eu partilhasse meu olho com o seu
O aluguel do meu espraiar
com a sua intenção frágil e abjeta
objetiva e completa
de ocupar o mundo
e o totalizar
Seria esta
a velha intenção mundana de morrer
E restabelecer a imagem prévia
de morbidez e resolução.

–Notas do autor

---

1 *InnSaei*, o poder da intuição. Direção: Hrund Gunnsteinsdottir, Kristín Ólafsdóttir. Documentário. 2016.

2 Thomas Ogden, psicanalista, propõe um novo olhar ao processo analítico, estabelecendo uma visão dialética entre o sujeito e o objeto, ressaltando, dessa forma, a intersubjetividade. No caso aqui, o conceito de *Terceiro Analítico* entra como metáfora para demonstrar o método de nossa investigação, que olha para o objeto e para o sujeito que está olhando.

I – A REVOLUÇÃO TECNOLÓGICA

Escrevemos na introdução sobre o caráter global que a revolução digital representou para a humanidade. O cenário ali descrito, com todas as tecnologias já presentes e as em desenvolvimento – inteligência artificial, robótica, internet das coisas, veículos autônomos, impressão em 3D, nanotecnologia, biotecnologia, armazenamento de energia e computação quântica, big data, moedas virtuais, metaverso, e criptomoedas – curiosamente desperta em nós uma espécie de *flashback* às avessas (se é que podemos caracterizar assim) ou um *déjà-vu*, gerado pelas dezenas de filmes e histórias de ficção científica contadas no nosso passado recente acerca de um mundo coabitado por homens, robôs e toda sorte de inteligência artificial presente no mundo das coisas e veículos.

Portanto, se não chegamos ainda a esse dimensionamento tecnológico, certamente estamos prestes a chegar (pelo menos em parte significativa do mundo ocidental hipercapitalista).

Segundo o autor do livro *A Quarta Revolução Industrial*, o engenheiro e economista alemão Klaus Schwab, que é também o fundador e presidente-executivo do Fórum Econômico Mundial, e que esteve no centro dos assuntos globais por mais de quarenta anos, "as mudanças são tão profundas que, na perspectiva da história da humanidade, nunca houve um momento tão potencialmente promissor ou perigoso". De acordo com matéria assinada por Carolina Cunha, em que ela esclarece detalhes sobre o livro de Schwab:

> Essa nova fase[quarta revolução industrial] será impulsionada por um conjunto de tecnologias disruptivas, onde cada vez mais dispositivos, equipamentos e objetos serão conectados uns aos outros por meio da internet. Algumas dessas inovações estão em sua fase de 'infância' e ainda não mostraram todo o seu potencial. A quarta revolução industrial não se define por cada uma destas tecnologias isoladamente, mas pela convergência e sinergia entre elas. Está ocorrendo uma conexão entre o mundo digital, o mundo físico, que são as 'coisas', e o mundo biológico, que somos nós.[3]

---

3 Fonte: CUNHA, Carolina. *"Tecnologia: o que é a quarta revolução industrial?"* In: UOL Educação. Disponível em: https://vestibular.uol.com.br/resumo-das-disciplinas/

Esta seria uma revolução que se diferenciaria das anteriores pela velocidade, extensão e profundidade, além de ter como uma de suas características principais a fusão dessas tecnologias e a interação com as dimensões física, digital e biológica. O jornalista John Lanchester diz sobre a primeira característica: "A rapidez com que a rede social foi adotada excede com vantagem a velocidade de expansão da própria internet, sem falar de tecnologias mais antigas como televisão, cinema ou rádio."

Para prosseguir, deveríamos nos perguntar: revolução até que ponto?

Um notável exemplo que poderíamos elencar – entre tantos outros – para ancorar uma possível resposta seria o caso dos livros. A exaltação contínua dos formatos digitais omite a revolução impressa que ainda não aconteceu, ao contrário do discurso imperante de uma aparente obsolescência dos livros impressos. Como diz o editor e jornalista Paulo Werneck: "A revolução da celulose, a intimidade com o papel, ainda não se cumpriu e é mais urgente". De acordo com o resultado de pesquisas, tudo indica – pegando como exemplo nosso país – que atualmente ainda há pouca demanda pelo formato digital de livro.

Como pensar então em algo revolucionário se um incremento da capacidade crítica depende entre muitas outras coisas da leitura de livros?

E por falar em revolução, e a revolução das consciências?

---

atualidades/tecnologia-o-que-e-a-4-revolucao-industrial.htm. Acesso em: 31 jan. 2022. O termo "quarta revolução industrial" está em: SCHWAB, Klaus. A quarta revolução industrial. 1ª ed. Edipro, 2018.

II – IMPACTOS DO USO DA ALTA TECNOLOGIA

O futuro nos invade... a fim de,
dentro da gente, transformar-se antes mesmo de ocorrer.

Rainer Maria Rilke

Poderíamos elencar alguns possíveis impactos para o futuro no uso das altas tecnologias, e alguns que já estão acontecendo, tais como citados na introdução, entre eles um presumível uso indiscriminado de nanotecnologia e da internet 3D para construção de armas. Além disso, hoje já um uso de mídias sociais e plataformas digitais que empoderam os cidadãos, mas ao mesmo tempo os deixam vulneráveis a estarem vigiados.

Mas existem muitos outros que englobam efeitos na economia e negócios, no campo da ética, na sociedade, e, principalmente, na segurança, incluindo aí a segurança internacional que abrange:

possibilidades de guerra cibernética; o uso de drones (robôs voadores); armas autônomas (que atacam de acordo com critérios predefinidos); militarização espacial – nova geração de armas hipersônicas; dispositivos vestíveis – produção de exoesqueletos que melhor asseguram os soldados; nanotecnologia – armas mais leves, móveis e inteligentes; armas biológicas – novas armas biológicas letais criadas em laboratórios que podem se propagar pelo ar; armas bioquímicas – armas do tipo 'faça você mesmo'; mídia social –plataformas digitais para recrutamento de 'militantes', a exemplo do ISIS; neurotecnologias – uso para fins militares, com computadores ligados ao cérebro ou partes do corpo – soldado biônico.[4]

Portanto, o que não faltam são condições para estarmos cientes das consequências do mau uso das tecnologias.

No campo das redes sociais, internet e outros, o cenário permanece desolador neste vértice de nosso olhar.

---

4 SCHWAB, Klaus. *A quarta revolução industrial.* 1° ed, Edipro, 2018. E: https://www.ihu.unisinos.br/images/ihu/apresentacoes_palestrantes/30_05_17_cesar_sanson_revolucao_4.0.pdf

O ensaísta e jornalista britânico John Lanchester, num artigo[5] originalmente publicado na *London Review of Books*, atentou para os seguintes dados e fatos:

> O Google e o Facebook detêm o monopólio virtual da publicidade na web. Juntos, os dois já destruíram grandes setores do ramo da imprensa diária, sendo ainda determinante, no caso do Facebook, para o rebaixamento do debate público, permitindo com mais facilidade a circulação das 'grandes mentiras'.
>
> [...]
>
> O American *Journal of Epidemiology* publicou um artigo com o título: 'O uso do Facebook e o comprometimento do bem-estar: um estudo longitudinal'. Os cientistas que conduziram o estudo constataram que, quanto mais as pessoas utilizam a rede social, mais elas são infelizes. Um aumento de 1% no número de curtidas, cliques e atualizações de status está correlacionado a um decréscimo de 5 a 8% na saúde mental dos usuários. Lembrando que isto é uma correlação – não significa sumariamente causa e efeito. Ou seja, o uso do Facebook traz sentimentos negativos à tona. Traz a substituição de relações off-line por relações online. E outras pesquisas apontam resultados semelhantes, de que o Facebook faz as pessoas se sentirem mal consigo mesmas.

Lanchester ainda destaca em seu artigo sobre o crescimento sem controle do Facebook. Sobre a ambição da empresa, sua falta de escrúpulos e bússola moral, ele diz que simplesmente o assustam:

> A despeito de todas as declarações do fundador do Facebook, Mark Zuckerberg, sobre conectar pessoas, construir comunidades e acreditar nos outros, ele é uma empresa de publicidade. Mas mais que vender anúncios, a principal atividade do Facebook é a vigilância. Poucos se dão conta da atividade real da empresa: Manter-nos sob vigilância, e em seguida usar as informações para vender anúncios. Não sei se já existiu tamanha desconexão entre o que uma empresa alega fazer – 'conectar', 'construir comunidades' – e a realidade de sua prática comercial.

O Facebook fornece o acesso à parte da mente do público. Ele diz: "Zuckerberg conhece bem o funcionamento da psique, sobretudo a dinâmica social da popularidade e do status."

A busca perpétua de crescimento desejada pelo criador do Facebook faz lembrar outras tentativas e conquistas que estão na História. Busca que no fundo também não passa de uma procura cada vez mais ávida

---

5 Também publicado na Revista piauí de set. 2017 com o título "Você é o produto".

e insana por status e popularidade para o Facebook e para o criador da ferramenta. Ainda seguindo John Lanchester:

> Dois pilares dessa empresa são: monetização e crescimento. Facebook e Google como os novos poderes coloniais. Antonio García Martínez – um antigo gerente da rede social – compara Zuckerberg a Alexandre, o Grande, triste porque lhe faltavam novos mundos para conquistar. Pois, com 2 bilhões de usuários mensais ativos, a rede já ultrapassou este número, e agora começam a faltar humanos conectados.
> Tal crescimento só pode brotar da extensão da conectividade a novas áreas do planeta. O Facebook tentou o Free Basics, programa que oferecia conexão em aldeias distantes da Índia, sob a condição de que o leque de sites disponibilizados fosse determinado pela empresa. 'Quem pode ser contra isso?', escreveu Zuckerberg no *Times of India*. A resposta: milhões e milhões de indianos enfurecidos. O governo indiano decidiu que o Facebook não tinha o direito de 'delimitar a experiência dos usuários', embargando seu acesso ao resto da internet. Um membro do conselho da empresa tuitou: 'O anticolonialismo vem sendo uma calamidade econômica para o povo indiano há décadas. Por que mudar agora?' Como afirma Taplin, essa observação 'revela, sem querer, uma verdade até então nunca enunciada: Facebook e Google são os novos poderes coloniais'.

Segundo Lanchester, Mark Zuckerberg criou o site e deseja expandir seu negócio, por nenhum outro motivo além de sua capacidade de fazê-lo. Ele faz certas coisas só porque pode. Tal comportamento de crescimento lembra antes um vírus que um negócio.

Por que crescer? Porque sim.

Resposta claramente infantil. E autoritária.

Tal visão ou falta de visão de Zuckerberg pode se caracterizar como primitiva e até com certo grau de estupidez.

Essa busca por crescimento exemplificada acima está muito próxima daquilo que o psicanalista Wilfred Bion reconhece como fazendo parte de mecanismos dos psicóticos.

Podemos identificar nessa busca obstinada por crescimento ininterrupto uma falta de lucidez. As três marcas distintivas e predominantes na esquizofrenia, segundo Bion, são a estupidez, a arrogância, e um falseamento da curiosidade (negação dela, ou como nos casos quando não se faz nada com o que se conhece, conhecimento adquirido através de uma curiosidade extremada). Quando Bion faz uma análise do Mito de Édipo sob o primado da arrogância, percebe que Édipo está determinado na busca da verdade a qualquer preço.

Segundo a psicóloga Edilene de Lima,[6]

> Bion analisa o mito destacando o que considerou 'arrogância de Édipo', o impulso do protagonista de buscar a verdade a qualquer preço, a despeito das advertências em contrário. Os personagens centrais seriam: a esfinge, que formula o enigma e se destrói quando este é respondido; o cego Tirésias, que possui o saber e lamenta a decisão do rei de buscá-lo; o oráculo, que instiga essa busca que o profeta condena; e o rei, que, ao final da busca, sofre a cegueira e o exílio. Arrogância combinada com a curiosidade se converte em estupidez, falseando a própria curiosidade; não há o que investigar, na arrogância não há dúvida, já se 'sabe' tudo.

Mark Zuckerberg, alinhado às expectativas de toda uma geração alienada, e a um poder econômico mundial corrosivo a seu favor, está determinado no crescimento a qualquer custo de sua empresa (crescer, multiplicar-se e monetizar realmente mais se parece com o comportamentos de um vírus.)

Dois pilares da empresa de Zuckerberg, como falado, são monetização e crescimento. Tendo em mente que o Facebook e Google seriam os novos poderes coloniais, não é preciso dizer do grau de nocividade para o futuro que isso representa.

Um outro ponto a se destacar no que se refere a possíveis impactos na nossa sociedade diz respeito ao desemprego. Segundo Arlindo Oliveira,[7] especialista em inteligência artificial, "a revolução tecnológica pode destruir 50% dos empregos. A questão é se uma sociedade onde 50% das pessoas não têm emprego pode existir tal como a conhecemos agora. Quando se chegou a 15% de desemprego em Portugal, já havia tensões sociais bastante grandes e uma emigração maciça."

Contrabalançando essa expectativa de tensões e crises sociais – que tudo indica tem uma grande probabilidade de acontecer em algum grau – existe uma outra noção que é a de um efeito capitalizador, que poderia coexistir com o efeito destrutivo no mercado de trabalho. Isso seria possível num cenário que trouxesse a criação de novas profissões, reinclusão profissional, incremento de novas indústrias, por conta de uma demanda por novos bens e serviços.

---

6 LIMA, Edilene de. *A noção de cura em Bion: do desvelamento do inconsciente à expansão mental*. Dissertação de Mestrado. Disponível em: http://www.ppi.uem.br/arquivos-para-links/teses-e-dissertacoes/2012/edilene. Acesso em: 01 fev.2022.

7 Fonte: "A revolução tecnológica pode destruir 50% dos empregos". *Diário de Notícias*. Disponível em: https://www.dn.pt/sociedade/interior/a-revolucao-tecnologica-pode-destruir-50-dos-empregos-8683337.html. Acesso em: 01 fev. 2022.

Um outro tipo de impacto advindo do uso disseminado de redes sociais e tecnologias é o da perda gradual de privacidade. Isso acontece hoje e tende a crescer no futuro.

Somos o tempo todo monitorados. Quem verdadeiramente sabe o quanto somos vigiados somente através de nossos navegadores de internet?

No que concerne às redes sociais e ao espaço público da internet, o professor de criminologia Maurício Dieter diz que

> há uma publicização do privado cada vez maior por causa das ferramentas que usamos na Internet, esse novo espaço público virtualizado. Cada vez mais, a sociedade tem revelado questões que eram de foro estritamente íntimo, então fica parecendo que a violação do direito fundamental à privacidade já não é algo assim tão importante. Daí que nascem os clichês 'eu não tenho nada a esconder' ou 'eu faço questão de abrir meu sigilo bancário'. Parece que as pessoas dão cada vez menos valor para essa prerrogativa fundamental, para ter uma vida íntima e privada que esteja a salvo do escrutínio público. E por que a vida privada é assim um valor tão alto? O que não se percebe é que sem a possibilidade de termos os nossos segredos, a nossa vida autônoma, podendo definir nosso destino de maneira íntima, ficamos sujeitos a um controle social absurdamente violento. A construção de nossa subjetividade depende de um espaço privado, reservado, onde podemos definir nossos afetos, destinar nossos recursos. O mais terrível é que estamos perdendo esse direito por causa de uma forma de colaboracionismo ingênuo.[8]

Na fragilidade desse espaço íntimo, aquilo que então se torna público converte-se em propriedade de outro. Torna-se propriedade de determinados poderes. De um poder sutil e renovado que se faz e se recria por meio dessa contribuição voluntária.

Quais são as táticas das quais se serve o poder público?

"Vigiar e punir", diria Foucault.

A vigilância, juntamente com a regulamentação, visam ao controle. São usadas como instrumentos no exercício do poder, tornando-se mecanismos sofisticados para a disciplina e subordinação das pessoas, assegurando que membros de uma sociedade permaneça dóceis, domesticados e concordantes espontaneamente com a realidade e as dominações às quais ficam impostos e expostos.

---

8 Fonte: Maurício Dieter em entrevista para o *El País Brasil*, 29. dez. 2017. Disponível em: https://brasil.elpais.com/brasil/2017/12/26/politica/1514313084_053599.html. Acesso em: 01. Fev. 2022.

Ao explanar sobre a vigilância hierárquica presente nos mecanismos de poder, Foucault afirma que o "exercício da disciplina supõe um dispositivo que obrigue pelo jogo do olhar: um aparelho onde as técnicas que permitem ver induzam a efeitos de poder, e onde, em troca, os meios de coerção tornem claramente visíveis aqueles sobre quem se aplicam." Diz ainda o pensador francês:

> Tradicionalmente, o poder é o que se vê, se mostra, se manifesta e, de maneira paradoxal, encontra o princípio de sua força no movimento com o qual a exibe. [...] O poder disciplinar, ao contrário, se exerce tornando-se invisível: em compensação impõe aos que submete um princípio de visibilidade obrigatória. Na disciplina, são os súditos que têm que ser vistos. Sua iluminação assegura a garra do poder que se exerce sobre eles. É o fato de ser visto sem cessar, de sempre poder ser visto, que mantém sujeito o indivíduo disciplinar.[9]

Ora, não seriam estes os mecanismos com os quais atuam as redes sociais na internet? Do WhatsApp ao Facebook, seus usuários não se cansam de mostrar onde estão a todo momento ("check-in", "GPS"), exibindo suas fotos mais recentes, e mesmo instantâneas (Instagram), além de vídeos e transmissões ao vivo – do churrasco da família à manifestação contra um ministro num voo comercial.

Quer público potencialmente mais controlável e manipulável que este?

No entanto, a grande questão que cada um deve se fazer, e não se furtar da responsabilidade individual quanto a isso – pois temos escolhas que podemos fazer –, é a do custo-benefício de se utilizar de tais tecnologias e de entrar nesse buraco sem fundo do colaboracionismo ingênuo descrito por Maurício Dieter. Como todo desejo, toda aposta nesse sentido tem seu risco e custo. Cabe a cada um se colocar essa questão e responder.

Há, evidentemente, benefícios na utilização das ferramentas tecnológicas. Mas olhemos o custo-benefício como um todo: o preço a pagar pode ser muito alto. Muito mais alto do que hoje conseguimos vislumbrar pelas lentes que nos filtram a realidade.

---

9 FOUCAULT, Michel. *Vigiar e Punir: nascimento da prisão*. Trad. Raquel Ramalhete. Petrópolis: Vozes, 2014.

III. A GLOBALIZAÇÃO

Sinto falta da antiga Nova York dos anos 70 e 80.
Country. Bluegrass. Ramones. Caminhos Perigosos.
Veja a Times Square. Era bacana.
Toda chapada. Agora parece a merda da Disneylândia.

Trecho do filme 'Asthma'

A hipermodernidade tem seu preço

A globalização também.

É assustador dirigir-se aos centros de médias e grandes cidades, com seus lugares favoritos antes dotados da qualidade de *históricos*, e nos depararmos com lojas, restaurantes, *fast-foods*, cafés, edifícios modernos em meio a áreas tombadas da cidade, todos iguais ou semelhantes a quaisquer outros existentes em outra cidade do mundo. É como se todos estivéssemos numa espécie de Las Vegas.

Não há mais diferença nem singularidade em estar em qualquer parte do globo. Está tudo tão equalizado como quando vemos as notícias nos sites da internet ou no jornal, aos quais passamos os olhos todos os dias e perdemos o fio da meada do que é ou não mais relevante para a cena humana.

Guilherme Wisnik, crítico de arte e arquitetura, afirma que "a nossa era assiste [...] à abertura desregulamentada do mundo para a promiscuidade da globalização, onde tudo se equaliza e se mistura". Em sua obra ensaística *Dentro do Nevoeiro*, que fala sobre como a arquitetura e arte contemporânea refletem uma experiência de nublamento, e de uma certa saturação do mundo, provocadas pelo avanço das altas tecnologias, mostra ainda os efeitos danosos e o nublamento causados pela globalização, dizendo como "com a derrubada de antigas fronteiras reais e simbólicas", deu-se uma "crise da noção epistemológica de distanciamento", e que "vai ficando claro que, em um mundo crescentemente globalizado, estamos todos muito próximos uns dos outros, para o bem e para o mal".[10]

É incontestável que isso guarda relação com questões de identidade. São momentos de crise identitária.

A identidade tornou-se rarefeita e volátil. Alain de Botton, ensaísta e filósofo suíço, afirma que antigamente a identidade costumava ser algo muito simples, e era dada por algumas estruturas muito estáveis, como as identidades de trabalho, identidades nacionais (não se viajava tanto), entre outras. Pelo fato de a sociedade mudar a todo momento, a instabilidade criada por tal movimento obriga-nos a nos repensar, causando muitas vezes crises de identidade permanentes. A liberdade adquirida em buscar a própria identidade vem com a angústia e dificuldade de realizar um desafio de tal monta.

O mundo se tornou uma grande máquina de produzir entretenimento, hiper-realismo, turismo, modismos de toda ordem, "felicidade", e falsas atitudes de vanguarda.

O que faremos quando toda tecnologia estiver ao nosso dispor, e pudermos entrar em jogos de imersão, fantasiando estar em Nova York, Paris, Moscou, ou Rio de Janeiro? Nadando nas águas de Ipanema, deitando nos deltas italianos, andando de bicicleta nos Pirineus, sumindo para qualquer parte do universo se assim bem quisermos?

O que acontece com nosso psiquismo quando a fantasia de fuga pode ser acionada a qualquer momento e repetidamente satisfeita? O que isso produzirá em nosso desejo? A falta se desfalecerá em ações maníacas, a dúvida e a escolha desaparecerão do mapa? Ou o poder de escolha será tamanho que ficaremos tontos com tanta liberdade?

O excesso costuma esconder a falta. E o vazio.

A figura do cosmopolita desvanecerá, pura e simplesmente porque qualquer aventura ou viagem apresentarão cenários e tipos de pessoas muito semelhantes.

O turismo será ambíguo, pois *ir* significará muito pouco. Voltar tanto menos.

Soa-nos tão nítido os malefícios da globalização, que é só lançarmos o olhar para a atual composição de refugiados no mundo, que veremos num *instantâneo* o preço que a maioria não quer pagar pelo desejo globalizante. Todos desejam a globalização, confiam em seus efeitos, ve-

---

10 WISNIK, Guilherme. *Dentro do nevoeiro: arquitetura, arte e tecnologia contemporâneas.* Ubu editora, São Paulo, 2018.

neram seus objetos totalizantes, mas ninguém quer arcar com o custo de seus resultados. Grande parte de cidadãos de cidades desenvolvidas dizem não querer receber um refugiado em seu país, quanto menos em sua casa, depois de tanto ter pregado nas redes sociais o *livre-comércio* ou o *liberalismo econômico* – alguns dos novos nomes possíveis para o livre-arbítrio religioso atual (ou os novos deuses da sociedade).

Imersão

Vamos então tentar nos aprofundar na ideia da imersão que será cada vez mais utilizada pelos meios tecnológicos. Alguns dos melhores exemplos de imersão atualmente estão nos jogos de videogame, principalmente online, onde há interação com outros jogadores via internet. Temos vários modelos de jogos modernos arquitetados assim: *Journey, Prince of Persia, Half-Life, Call of Duty, Shadow of the Colossus*, entre outros.

Daniel Galera, escritor, e grande apreciador de videogames de última geração, em seu esclarecedor artigo intitulado "Virando o Jogo,"[11] fala sobre os jogos com narrativas possibilitadas pelo computador (que englobaria os videogames, a realidade virtual, e todo tipo de narrativa digital interativa). Citando Janet Murray, ele diz que estas narrativas acarretam três prazeres característicos, que são únicos quando combinados entre si: imersão, agência e transformação.

Murray define a imersão como "a experiência de ser transportado para um lugar primorosamente simulado (...), independentemente do conteúdo da fantasia." Daniel Galera lembra que isso é o que as descrições e ilustrações dos livros e a produção de arte dos palcos e estúdios de cinema têm feito há séculos.

Simular a vida, num campo de jogo de participação ativa do jogador, e podendo assim se identificar com o personagem que controla é a conclusão mais imediata que podemos nos aproximar. Um jogo de identificações. Tratarei mais à frente sobre os mecanismos de identificação, tão bem expressos por Freud.

Mas uma questão fica de súbito: ao olhar a partir de todo o campo de jogo tecnológico, desde as redes sociais às ferramentas mais avançadas que já temos em mãos, até aos *carros sem motorista* do futuro, não estaria isso tudo nos levando a uma simulação (quase) total, isto é, substituindo a vida por uma *simulação de vida*?

---

11 GALERA, Daniel. Virando o jogo. *Revista serrote*, n.4, mar. 2010.

Voltando ao campo dos jogos eletrônicos, tive, por exemplo, a oportunidade de experimentar o game *Journey* a partir do ponto de vista do jogador. Obtive na ocasião cerca de duas horas e meia de mergulho ininterrupto.

Com todas as minhas emoções "linkadas" às do personagem, essa vivência propiciava-me a sensação de ser o protagonista de uma história. Então, é possível surgir a partir dessa novidade toda uma gama de sentimentos e impulsos. O jogo de identificações estava dado. O objetivo do game até certo ponto era simples: eu precisava chegar ao cume de uma montanha, que tinha indícios de ser sagrada. Às vezes difícil, às vezes prazeroso, o percurso pelas areias do deserto, ou pelo gelo na neve, trazia os mais diferentes desafios, mas em nenhum momento ficava desvelado os pressupostos necessários para atingir o objetivo.

Essa valorização do *outro* e de sua energia revigorante como fundamental para a nossa existência diverge muito do que se opera na internet nos dias de hoje. Na internet, sobretudo principalmente nas redes sociais, o outro sempre aparece como simulacro de algo que *desejo* influenciar, impactar, vencer, dominar, mas dificilmente dialogar ou promover *encontro* – no sentido forte da palavra, tal qual apresentado por Hannah Arendt.

Novamente aqui a ideia de simulação, simulacro do real. Um jogo de espelhos, no qual cada vez mais os espectros ganham corpo.

É evidente que podem aparecer objeções a partir desta linha de argumentação. Existe na internet uma vasta rede de pessoas compartilhando coisas, se reunindo e promovendo encontros reais, ou seja, fora do espaço virtual? Sim. É fato que isso acontece, mas este seria um bom uso da *rede*, um uso dela como *ferramenta*, mas algo que é bem menor em proporção a todo o resto.

Outro ponto importante é que a tecnologia acelerou a globalização. No entanto, como observado, não melhorou muito nossas relações com o outro, não alterando o mais profundo de nossa alteridade. Bagunçou nossas noções de real, e com o aprofundamento da integração econômica, social e cultural, os limites ficaram mais incertos, e o que é mundo imaginário e real também.

A tecnologia oferece caminhos que, muitas vezes, não são bem usados. Se tivéssemos a capacidade de pensar, como diria o psicanalista Bion, poderíamos fazer um bom uso desses aparelhos tecnológicos, o que nos leva ao próximo capítulo. No geral, o perigo pelo uso que hoje fazemos desses dispositivos é real e constitui risco futuro para nossas relações mais básicas. Fazemos, como espécie, um uso perverso da tecnologia, assim como sempre fizemos com outras ferramentas, instrumentos, meios e pessoas. A diferença é que nível de amplitude e os efeitos dessa perversão foram dilatados, espalhando-se e dispersando-se como nunca antes.

Que tédio tudo isso!

A primeira vez que usei um chat, nos primórdios da existência da internet, troquei mensagens com uma garota que estava no Rio de Janeiro. A sensação de novidade mesclada ao deslumbramento foi marcante. O que antes era possível somente por carta (corresponder-se com outra pessoa que está muito distante por meio da palavra escrita), de "uma hora pra outra" tornou-se possível de ser realizado de modo instantâneo. Havia essa singular sensação de estar falando com outra pessoa (e praticamente estranha) do outro lado do país naquele mesmo horário, naquela condição semelhante. Mas o que antes fascinava, hoje fica banal. Não porque o tempo passou, e a novidade passa como todas as coisas, mas porque os meios banalizaram a comunicação, seja ela por qual via for. Um exemplo: até pouco tempo atrás, falar ao telefone – antes do avanço das comunicações via WhatsApp, mensagens instantâneas, e outras – continuava empolgante, mesmo depois de décadas de sua invenção. Hoje, falar ao telefone parece ultrapassado e reprimido. Conversar com o outro via telefone tornou-se "perda de tempo" ou algo entediante. Ou, para algumas pessoas, uma prática que traz até mesmo temores. Mas, afinal, ganhamos o que em troca?

Talvez tenhamos nos tornado maníacos, no sentido psiquiátrico e psicanalítico do termo – que pode significar o pior momento de uma depressão; uma defesa contra esse estado depressivo; um acúmulo de exigências de satisfação instantânea que convertem o sujeito em um escravo de seu estado eufórico.

No caso do telefone, pensemos também no seguinte: antigamente, quando um parente, por exemplo, viajava para o exterior, era comum que as ligações fossem rápidas e reduzidas. Mas a intensidade que era ouvir alguém naqueles ínfimos momentos, lá do outro lado do mundo, passava a sensação e a veracidade do que era estar tão longe e em lugar tão específico. Hoje, estamos como se estivéssemos sempre no mesmo lugar. Como rede globalizante, a internet abandona as fronteiras, equalizando lugares e experiências. Há uma perda da perspectiva da distância, como a que ocorre através do uso do Skype, por exemplo.

Cito novamente então Daniel Galera, um dos melhores e mais vigorosos escritores da literatura contemporânea brasileira, que diz em uma entrevista concedida a Camila von Holdefer em 2017:

> A internet daquela época se assemelhava mais a uma conversa no pátio escuro de uma festa estranha, não com o shopping center lotado e aceso de hoje. A web dos primórdios proporcionava uma sensação peculiar que guardo até hoje. Cada site e cada internauta era um pequeno mistério a ser investigado. Acho que aquela sensação foi bem importante na minha formação como um todo, escritor, leitor, ser humano.

Aquilo que proporcionava intensidades como essas, realçando a atividade e interações existentes em *um determinado momento* de vida, parece hoje nos roubar *momentos* de vida. A onipresença da tecnologia veste a vida de ênfase constante que, de forma paradoxal, tira o destaque que qualquer experiência pudesse realmente ter.

A música também é uma experiência interessante de se pensar. Antes, prestávamos atenção a um disco, um CD, e a vivência do momento era completa. Hoje, ouvimos música no carro, na academia, correndo, no metrô, enquanto passeamos pela internet, no restaurante... Desprezamos a música. Desdenhamos dela. De repente, toda música parece ter se transformado em *música de elevador*.

Com a banalização na comunicação, acentuada pelo uso indiscriminado da tecnologia, da internet, e das redes, intensificou-se a perda de valor em áreas importantes da vida. Ouvir e falar (por mais que "falemos" ou "ouvimos") são fenômenos que se modificaram, transformando-se em algo que se assemelha a uma composição supérflua para a vida. Ou seja, nunca estamos onde estamos. Estamos sempre em outro lugar, claustrofóbicos de estar em *um lugar nenhum*.

Que tédio é tudo isso.

IV. PERVERSÃO

Embora vivamos num mundo em que a ciência ocupou o lugar da autoridade divina, o corpo o da alma, e o desvio o do mal, a perversão é sempre, queiramos ou não, sinônimo de perversidade. E, sejam quais forem seus aspectos, ela aponta sempre, como antigamente, mas por meio de novas metamorfoses, para uma espécie de negativo da liberdade: aniquilamento, desumanização, ódio, destruição, domínio, crueldade, gozo. O fascínio exercido sobre nós pela perversão deve-se precisamente a que ela pode ser ora sublime, ora abjeta. Sublime, ao se manifestar nos rebeldes de caráter prometeico, que se negam a se submeter à lei dos homens, ao preço de sua própria exclusão; abjeta, ao se tornar, como no exercício das ditaduras mais ferozes, a expressão soberana de uma fria destruição de todo laço genealógico.

Elisabeth Roudinesco

Nossa perversão antecede a existência da internet, dos *reality shows*, e da premência da tecnologia como um todo em nossas vidas.

Um recente seriado no Netflix apropriou-se da ideia de nossa relação com a tecnologia como expressão de nosso próprio abismo. Chama-se *Black Mirror*, e inicia seus episódios sempre com uma tela quebrada. O Narciso projetado na tela de seus episódios é uma de nossas piores versões.

Em um dos seus capítulos/episódios, um primeiro-ministro inglês é chantageado por hackers que sequestram a princesa. A exigência para a soltura da princesa é clara e sinistra: que o primeiro-ministro faça sexo com um porco até as 16h do mesmo dia, e que tal ato seja transmitido ao vivo por todos os canais do país. Senão, a morte da sequestrada é o que vingará. A exigência vem na forma de um vídeo no Youtube, onde todos os caminhos para rastrear os criminosos foram fechados. A exigência é esdrúxula, ultrajante e perigosa, pois abriria espaço para chantagens e crimes semelhantes. Usando esse exemplo, o que antes era impossível, pelo uso disseminado da tecnologia se torna possível.

Antes de ser uma exigência particular, dada aos chantageados, tal exigência é antes de tudo compartilhada para o mundo via web. A vida da princesa fica então nas mãos do primeiro-ministro. A vida psíquica e política do primeiro-ministro está ameaçada. Sua independência e autonomia como sujeito que pensa e decide também está em suspenso, pois há ali nessa história peculiar um rol enorme de necessidades e interesses, que iam das pessoas que trabalhavam com ele ao futuro da política inglesa. A profusão da mensagem (a comunicação da exigência dos sequestradores realizada através de vídeo, via web) só poderia se realizar na possibilidade da instituída "democracia eletrônica" que a internet traz. Qualquer um a qualquer hora, conectando-se a um dispositivo eletrônico com acesso ao mundo virtual, pode ter a capacidade de transmitir uma mensagem, vídeo, ou voz, para qualquer lugar no mundo, sem obstáculos. Isso gera consequências sem precedentes na história humana.

A perversão, que apresentamos como exemplo neste caso, pode ser levada às últimas consequências. Não haviam objetivos monetários, políticos, nem nada do tipo no referido episódio da série. Havia somente uma brutal crueldade levada ao seu ponto limite, que incluía os espectadores como participantes da cena, dado que se porventura desejassem ver ou *visualizar* o ato a ser transmitido, entregariam também parte de seu *eu* para essa empreitada. Além de ser um ato sexual desumano, tal iniciativa era traiçoeira em sua natureza por ir além, e acima de tudo por incluir o espectador nesse jogo perverso.

Jacques Lacan tinha um pensamento – segundo a psicanalista e ensaísta Maria Rita Kehl – que dizia mais ou menos o seguinte: se o dispositivo for perverso, qualquer um de nós pode estar pervertido por ele.

A internet, como dispositivo que ajudaria as pessoas a se comunicarem e se relacionarem, evidentemente escapa a um bom mocismo humano. Ela é muito mais que isso. Ela permite tais perversões de sentido. Tanto como nenhum outro até hoje pôde permitir, talvez.

Certa vez, em uma comunicação oral, Maria Rita Kehl afirmou citando Lacan:

> Se o dispositivo der margem a autoritarismos, por exemplo, ou exigir personalismos, vaidades desenfreadas, qualquer um pode ficar à mercê dele. Porque o pior está garantido. O pior mora em nós. Precisamos de dispositivos que barrem o pior, que extraiam das pessoas o melhor. E isso é o mais difícil.

E dentro de nossa menoridade humana, o potencial para a perversão é imenso.

Perverter é dar outra versão a alguma coisa, alterar a forma, corromper, fazer um desvio, muitas vezes para o sentido contrário ao que normalmente se espera. Apesar desse sentido de um desvio, isso simplesmente não define a perversão. Em Freud, o conceito adquire conotações de ordem sexual – perversões sexuais, com seus desvios de finalidade (objeto sexual) e objetivo; os chamados desvios de instinto/pulsão. É famosa a frase de Freud que diz: "A neurose é o negativo da perversão". Na perversão haveria a ausência do mecanismo de recalcamento. Na neurose, poderíamos pensar nessa mesma perversão, com sua existência e atividade reprimida, como se houvesse uma espécie de fórmula que dissesse: 'quanto mais *neurose*, mais componentes perversos, e maior intensidade desses mesmos componentes na forma reprimida/recalcada'.

Em 1922, Freud trouxe o *insight* de que a perversão pode ter a ver também com impulsos agressivos e não somente com os impulsos sexuais e libidinais. Depois de Melanie Klein, a psicanálise chegou a novas conclusões e proposições como a de que a perversão seria uma defesa contra a psicose. De maneira bem coloquial, a perversão é uma confusão (confundir simbolicamente um *pênis* com um *seio*, por exemplo).

A perversão como estrutura psíquica engloba mais coisas e tem a ver com um sujeito com menos escrúpulos para realizar suas fantasias e desejos, e com a possibilidade deste manter um certo controle sobre outros e sobre seus próprios sentimentos, com uma alta recusa da dor. Teoricamente, quando há perversão, há a negação da castração.[12]

E em se tratando da dimensão espacial virtual, é fácil enxergar o quanto é possível estarmos reféns de dinâmicas desse tipo. É um universo amplo e em expansão.

As redes sociais são um grande exemplo de mecanismos presentes na internet que podem fazer aumentar e fomentar aspectos perversos nas pessoas.

Já se foi o tempo das *histéricas* de Freud? Ainda existe a histeria, mas sob outras formas, e de alguns modos, mais velada. Assim como outras patologias.

---

12 Castração expressa simbolicamente aquilo que no indivíduo corresponde a elementos de falta, perda, separação, privação, limitações, assim como o sentido de ameaça, vinda das leis constitutivas da ordem e cultura humana.

As redes sociais costumam favorecer o anonimato, ou então o esconder/disfarçar características problemáticas e antissociais. E favorece o contrário também, como quando acontece o ressurgimento de fenômenos sociais em que pessoas adquirem mais força e são encorajadas a virem a público despejar seu ódio, ou todo seu afeto outrora reprimido, e se autodeclararem, sem escrúpulo e disfarce algum, como pertencentes a alguma ordem extremista, ou se declararem partidários do nazismo, por exemplo.

Como representante máximo das redes sociais, o Facebook, mais que qualquer outro empreendimento digital, tem um veio claramente perverso correndo em sua trama. A versão mais visível disso, segundo o ensaísta John Lanchester, está na forma de incidentes como o *streaming* ao vivo de estupros, suicídios, assassinatos e matanças de policiais.

A rede social, nesses casos, não está isenta de culpa. A permissão para transmissões ao vivo: quem regula isso? O papel de transmitir, na maioria das vezes, está nas mãos dos usuários da rede. E é lá, no Facebook e outras redes similares, que se encontra a maior das audiências.

Lanchester reitera que em outras esferas o site está longe de ser inocente, como no papel desempenhado em eleições presidenciais, separando e atomizando usuários em grupos semelhantes, isto é, conectando usuários que pensam como eles, iguais a eles. E teria igualmente responsabilidade pelas *fake news*.

As redes sociais acabam por dar poder a pessoas que antes não obteriam isso por outro meio, atribuindo assim perigosa potência a pessoas mal-intencionadas. Dá voz a quem antes não obteria capacidade através de outro meio qualquer, para, unido a outros, gerar um impacto em determinada sociedade. Essa voz é dada a quem, muitas vezes, não traz legitimidade em seu discurso.

Perversão nos jogos online

Alguns jogos específicos online podem ser grandes armadilhas e cheios de gatilhos para determinados tipos de personalidade, como para aquelas pessoas que têm como diagnóstico o transtorno de personalidade *borderline*. São tipos de jogos que esperam do usuário uma disposição a riscos, e que, na maioria das vezes, incentivam a autopunição, lesões autoinfligidas, e até suicídio em alguns casos. É uma espécie diversa de roleta russa.

Um desses jogos propõe, por exemplo, certos desafios, incitando a apneia e a autoasfixia. Seria ingênuo pensar que garotos como os que foram conduzidos à morte com o jogo, não teriam consciência das consequências que uma autoasfixia poderia produzir. Aliás, a estúpida "graça" do jogo é justamente essa: chegar aos estertores do perigo autoimposto, ainda que isso não esteja explicitamente expresso nas regras do jogo. Tal como temos nos jogos mais modernos de videogame, não se sabe a regra de antemão; o jogador vai descobrindo-as à medida que avança.

V – A CONSTANTE EXTINÇÃO DE FERRAMENTAS NA INTERNET E A ECONOMIA NARCÍSICA NAS REDES

Os blogs

Os blogs faturaram o interesse e o "ibope" da internet por um bom tempo. Hoje vemos que foi por um período curtíssimo de tempo. Por que o interesse diminuiu, e mesmo os blogs mais ativos existentes desde aquela época foram minguando suas postagens?

A questão é o lugar em que nos encontramos. Os blogs faziam sentido de fato em uma época. Existiam reais conexões a partir dali. Eles eram um lugar por onde certas coisas passavam; certas paragens no meio virtual. Hoje, nada mais para, e tudo está em absoluta transformação, levando ao paroxismo o "mundo líquido" descrito por Zygmunt Bauman, chegando a uma espécie de mundo gasoso cibernético. A partir do momento em que um blog começava a morrer, é como se os outros também começassem a morrer em tabela num efeito dominó.

Hoje quem monopoliza o espaço da internet é o Facebook; mas até quando? Por se tratar de um monopólio, vai tornando as pessoas quase reféns desse espaço único. Mas quando um de nós sai desse espaço, outros lugares podem ser inaugurados, e a circulação pelo mundo cibernético muda junto.

A evitação da intimidade

A evitação da intimidade é um bom exemplo da superfluidade existente na rede. A rede de amigos a cada hora se multiplica, criando ligações antes impensadas. Mas isso é aparência. Autoengano. O exercer desse poder quase mágico, mas *maníaco*, rouba de nós a intimidade necessária que existe quando estamos com alguém que realmente gostamos e ansiamos, criando afinidades verdadeiras e um tipo específico de relação virtuosa.

Os celulares, as mensagens de texto, as redes sociais acabam funcionando como uma zona de conforto, favorecendo uma efetiva não-troca entre pessoas, tornando-se um canal de comunicação que desfavorece o encontro, banaliza a palavra, e justifica o abandono e distanciamentos.

O que é uma zona de conforto? Para a psicanálise, talvez em muitos casos poderia funcionar como o lugar da *pulsão de morte*.

A incômoda sensação de que para estarmos presentes, vivos, e conectados, devemos estar a todo o tempo na rede, esfacela qualquer tipo de integridade e possibilidade de excelência nesse espaço. Como se existisse um centro por onde as coisas passam. Como se houvesse uma espécie de *burgo* virtual. Na Idade Média, a burguesia era formada à medida que as pessoas investiam no comércio e conforme as relações criavam pontos nodais, lugares concretos específicos que permitiam o encontro. Algo como na psicanálise, quando se aponta determinado ponto como um ponto de significação – onde certos *significantes* convergem, formando uma espécie de "trust" na rede mental.

Esse *trust*[13] em uma rede virtual – na internet – teria o domínio do mercado das ações de prestígio social (ações de cunho narcísico), lugar este por onde seria necessário passar constantemente para deixar sua marca. Tem um quê de primitivo esse *marcar território* em terreno tão volátil.

Levando em conta o conceito de *trust*, uma *estrutura* na qual o investidor não tem controle da administração de seu bem financeiro, pode-se fazer uma analogia com a internet e o próprio conceito de *inconsciente*. Nesse mercado chamado internet, ou mais especificamente (tomando como exemplo máximo) o Facebook, é congregada toda uma gama de experiências, virtualizando nesse espaço os desejos e as conexões de uma ampla variedade de *players*. A libido é então investida de forma plena nesses espaços, e toda gestão social e de valor narcí-

---

13 "O *trust* é um conceito vindo do mundo financeiro. É um tipo de estrutura que permite separar o direito aos recursos aplicados da propriedade legal do investimento e de sua administração. O investidor não tem controle direto da gestão, mas é beneficiário dos ativos, numa relação que é chamada de fiduciária. A palavra para descrever esse arranjo, *trust* (confiança no inglês), é apropriada. O investidor transfere os ativos a uma pessoa ou empresa que passa a ter propriedade legal dos recursos e a administrá-los de forma a beneficiar o dono original do dinheiro (ou quem ele escolher, como filhos e netos). Um contrato é feito entre as duas partes. A principal diferença entre um *trust* e uma empresa que simplesmente gerencia fortunas é que no *trust* a titularidade do dinheiro é transferida para a sociedade, que tem executivos responsáveis por cuidar do patrimônio." (Definição encontrada no site Nexo Jornal, em matéria assinada por José Roberto Castro).

sico é realizada pelos membros de mais alta posição – que a princípio seriam indivíduos sem nome –, ou por um ideal que é vigorosamente buscado como água no deserto.

Poderíamos conjecturar ou pensar que isso também se traduz dessa forma no inconsciente. Em toda a articulação que se faz através do sistema inconsciente, apenas sentimos os reflexos (fantasias, inibições, atos falhos, chistes, sintomas psíquicos, somáticos...), onde não temos controle sobre como se opera o que se passa por lá.

Para o leitor não versado em psicanálise, é interessante pensar nessa relação de consciente com o inconsciente como uma rede também. Não é simplesmente algo nitidamente separado. O inconsciente traz uma rica e densa rede de significações, cujos sentidos deslizam por uma rede de significantes.

Lacan teorizou sobre o significante, a partir de uma visão estruturalista da linguagem, trazida pelo linguista Ferdinand de Saussure. O significante, de forma simplificada, é a imagem acústica da palavra (som + letras). Já o signo é o significante + significado.

Segundo Lacan, o inconsciente é estruturado como linguagem. Lacan nos traz a novidade (a partir de Freud) de que o significante se sobrepõe ao significado. Há uma divisão que os separa, de tal forma que o sujeito ao falar não sabe exatamente o que está dizendo, pois, sem se dar conta, sempre diz mais que aquilo do qual fala. Um dos exemplos é o sintoma que é um significante cujo significado é inacessível ao sujeito. "Sente angústia intensa e não sabe por que sente isso. O sintoma é um significante a ser decifrado através da escuta do que o sujeito revela na fala para além do que ele diz".

Para tentar exemplificar mais e melhor a um leitor incauto, imagine um sujeito que se diz sempre um 'desarvorado'. Sempre que se encontra desarvorado, isso tem um impacto mais significativo e negativo a ele do que se outra pessoa estivesse nesse mesmo estado. E o interessante de se pensar é que tal pessoa sempre se define assim quando se encontra nesse estado. Tomando a palavra em questão pela parte *significante*, de acordo com a teoria lacaniana, imaginemos que tal sujeito se encontra alienado do real significado para ele de se encontrar desarvorado (e aqui o que está em consideração justamente não é seu sentido literal, nem seus sinônimos e significados). Pois a questão que o ultrapassa tem a ver com as conexões de sua mente inconsciente. De desarvorado está deslocado um outro significante, que a princípio, o sujeito em questão não tem consciência ou acesso: trata-se do significante árvore, que poderíamos exemplificar de forma didática. Tal significante guarda relação com uma árvore muito específica no qual, em sua infância, ocorreu evento de natureza grave e impactante, isto é, um trauma. Todavia, pela natureza do trauma, o sujeito se encontra alheado de tal consciência. A forma como seu psiquismo escoou tal afeto, foi através das exageradas sensações de ansiedade, confusão e angústia sempre que se sentia 'desarvorado'. Por meio desse exemplo, podemos notar como a relação primeira pode não ser feita entre significados, mas entre os significantes, mais especificamente no caso o significante árvore, que para o sujeito em questão tem um sentido muito próprio e fatalmente especial.

Tal digressão é apenas exemplificativa e pedagógica. As pessoas atuam na web de forma a se colocarem de um jeito que ultrapassa o sentido que acham ter – assim como na vida em geral. Mas na internet, e particularmente nas redes sociais, esse ultrapassamento acontece em um grau muito mais elevado. Não só tal atuação os ultrapassa, mas a rede se torna depositária de suas esperanças narcísicas mais profundas, um investimento de energia em um 'negócio' de rentabilidade muito menor do que imaginam. E que passa a ter controle de suas ações (o duplo sentido aqui é inevitável).

Como disse Freud, não somos senhores em nossa própria casa.

Prestígio social e Narcisismo

Chamo a atenção aqui para a relação existente entre *prestígio* e capital. No mercado das ações de prestígio social paga-se com a moeda do próprio "eu". De um nada modesto "eu", que privatiza tudo o que vê pela frente. Um garoto que vai a um show e gasta seu tempo gravando o espetáculo para depois transmitir no seu canal do Youtube, e finge acreditar ser o melhor jornalista que está "tuitando" as novidades pela web, está certamente adquirindo suas cotas neste mercado; a noiva que faz suas *selfies* enquanto se arruma para o casamento, publicando-as de imediato no Instagram, é uma investidora nata; o senhor que adquiriu recentes habilidades nas navegações de seu celular aprofunda a relação com seu espelho ao fotografar seu bíceps na academia. Cada um destes e muitos outros exemplos similares nos mostram o quanto o narcisismo é alimentado por essas ferramentas virtuais.

Como diz a psicanalista Anna Veronica Mautner, antigamente as pessoas tinham vergonha de se mostrar, de expor suas mais reprimidas vaidades. Hoje existe uma permissão para que isso apareça no mundo social sem que a vergonha venha acompanhada.

Vencer essa corrida pelo mais alto posto nas redes sociais alimenta ou intoxica o "eu"? Ter muitas ações nesse mercado traz realmente uma "riqueza"?

O grande paradoxo disso é que se torna muito empobrecedor viver de narcisismo.

Nunca vi ninguém, na clínica, satisfeito com seus limites narcísicos (de seu "eu"), ou alguém totalmente satisfeito com suas conquistas, ou então um narcisista de carteirinha de bem com a vida. Normalmente os sujeitos de personalidade narcisista são pessoas que sofrem muito.

Com o uso em excesso das redes, perde-se de vista o mundo *real* e suas correspondentes satisfações.

VI – VÍNCULOS E IDENTIFICAÇÃO

A vida é empobrecida quando não se pode arriscar o mais alto prêmio no jogo de viver, a própria vida.

Sigmund Freud

Então recorremos ao mundo da ficção, onde os heróis podem morrer, e nós com eles em nossa imaginação, processo que pode ser repetido indefinidamente.

Ernest Jones

Vivemos a era da encenação. As redes sociais ajudando a capitalizar o arsenal narcísico de cada um dos seres ali presentes. Um bom exemplo disso: as *selfies*. A nova moda: se autopremiar. 'Eu me desafio, disputo, e ao final compro minha própria medalha'.

Um caso como exemplo: a mulher que se casa consigo mesma e publica as fotos nas redes.

Será que existe diferença entre o "antigo" autorretrato e as famigeradas *selfies*?

Cada *selfie* é singular. Fazer um autorretrato é como realizar uma aventura pelos meandros da intimidade. É para si e para no máximo um parceiro, uma família. Fazer uma *selfie* pode fazer parte de um 'vender um peixe'. Uma difusão de uma autoimagem, mais enganadora para o outro do que já é normalmente, escamoteando e disfarçando outras coisas. E fazer isso que costumeiramente denominamos *selfies* pode ser também um *mortificar*. Isso tudo guardando as devidas proporções e generalizações.

Trata-se de uma era venenosa.

É a era do *parecer*.

'Se pareço com algo já me dou por satisfeito'.

Porque o 'lance' é se identificar.

É a era da exposição.

O *nada*, os *memes* expostos nas telinhas, ganhando terreno e adeptos.

"Curtir": a atividade existente nas redes sociais de menor comprometimento praticável. De menor responsabilidade possível.

Os super-mega-*stars* de boutique tecnológica se servindo dos mais elaborados produtos, aplicativos e algoritmos.

É a era do superconsumo.

A lógica do consumo presente nos vínculos.

E dentro dessa lógica de consumo nas relações, foi vendido às pessoas a ideia de que se elas realmente se ligarem a uma outra pessoa, estarão perdendo todo um mundo de possibilidades. O que não se vê é que essas outras possibilidades podem não passar de uma laboriosa miragem.

Se há tanta escolha, melhor não escolher nada.

E as comunicações amorosas, como andam?

Antigamente usávamos muito o telefone fixo; hoje o celular. As mensagens via celular se tornaram magnânimas na hierarquia das comunicações rápidas ou instantâneas. Nas relações amorosas, o impacto é visível no tocante ao que é "visto" na clínica psicanalítica. O relato que os pacientes trazem não mentem sobre uma realidade geral: a preferência pelas mensagens instantâneas esconde inibições e repressões das mais diversas ordens. Essa opção nutre e estrutura a necessidade de nos relacionarmos através de personagens ou *avatares*, promovendo uma distância entre o *self* real e o falso *self* (às vezes duramente cultivado).

E não é só isso. A experiência de um sujeito enviar uma mensagem para sua namorada pela manhã e não haver respostas durante o dia, só voltando a se falarem à noite, pode gerar toda uma série de desencontros de linguagem e confusões, provocando desde ciúmes excessivo até estados paranoides das mais diversas espécies.

Tal flutuação no tempo de espera hoje deixa o sujeito extremamente perturbado e sem o mínimo de chão. Trata-se também da época da paranoia.

A característica problemática dos vínculos nos nossos tempos tem raízes que remontam à história da estrutura psíquica humana. A evolução de nossa estrutura emocional caminha *pari passu* com a evolução psíquica.

David E. Zimerman, em seu livro *Os quatro vínculos*, diz o seguinte a respeito da etimologia do termo vínculo:

> Tem sua origem no étimo latino '*vinculum*', o qual significa uma união, com as características de uma ligadura, uma atadura de características duradouras. Da mesma forma, vínculo provém da mesma raiz que a palavra 'vinco' (com o mesmo significado que aparece, por exemplo, em 'vinco' das calças, ou de rugas, etc.), ou seja, este termo alude a alguma forma de ligação entre as partes que estão unidas e inseparáveis, embora elas permaneçam claramente delimitadas entre si. Assim, cabe a afirmativa de que 'vínculo' também significa um estado mental que pode ser expresso através de distintos modelos e com variados vértices de abordagem.[14]

Para Wilfred Bion, "vínculos são elos de ligação – emocional e relacional – que unem duas ou mais pessoas, ou duas ou mais partes dentro de uma mesma pessoa". Ou seja: Bion revela o aspecto emocional como determinante e essencial para que exista vínculo; primeiramente a *emoção* deve estar disponível dentro do sujeito (partes que possam se conectar), abrindo aí a possibilidade de interação, aproximação e conexão entre dois sujeitos que tenham a contraparte da emoção presente dentro de cada um.

No tocante ao mundo das relações virtuais, a partir da chegada dos aplicativos nos celulares de última geração (*smartphones*), muitas dessas interações se transformaram bastante.

Assim como existe o conhecido *bluetooth* nos celulares (rede sem fio que conecta e possibilita a troca de informações entre dispositivos eletrônicos), que cria a necessidade da preexistência de certas condições para operar e fazer as trocas virtuais, nossa mente também necessita de algo semelhante, de algo característico a essa operação de *bluetooth*. Um abrir de comportas internas para que o outro entre, para que haja algum tipo de aproximação e troca – afinal, somos seres sempre muito diferentes uns dos outros.

Dentro desse contexto, os vínculos vão se mostrando cada vez mais frágeis e fluidos. Caducam muito rapidamente.

O que nos revela a natureza desses mesmos vínculos nos dias atuais é o pouco valor que se dá à força afetiva que poderia existir em um vínculo interpessoal. O afeto é relegado ao campo do desnecessário, ao perigoso. Aquilo que poderia ser uma aventura se torna mesmice, tédio. Um bom exemplo disso são as relações – romances breves e eróticos –, que se dão a partir do uso do aplicativo Tinder.

---

14 ZIMERMAN, David. *Os quatro vínculos*. Ed. Artmed. 2010.

O Tinder surgiu com um aplicativo propiciador de encontros amorosos, e logo se tornou um dos mais usados no mundo. Uma espécie de *fast-food* do sexo, segundo o psicanalista argentino Leandro Stitzman.

O que acontece nessa parte específica do mundo virtual (ou a partir dele) são pessoas que se utilizam desse tipo de recurso com o intuito de ter, na maioria das vezes, uma relação sexual sem compromisso. Após um certo tempo de utilização de tal recurso, o que frequentemente as pessoas se queixam é de uma sensação de estarem numa espécie de catálogo online, um lugar por onde 'se passa o dedo' e se escolhe o próximo objeto.

Alguns continuam apesar disso, mas muitos desistem. Outros ainda se mantêm numa espécie de autocontentamento, em um constante estado de negação de seus verdadeiros desejos, numa condição de autoconsolação.

Esse autocontentamento fluido, de clima tão variável quanto as temperaturas em tempos de aquecimento global, não satisfaz. E o que se vê em cada pessoa é a experiência de várias pequenas próteses de vínculos, que criam a ilusão de que nada dá certo mesmo. De que nada vale a pena mesmo. É a reiteração de uma teoria interna de cada sujeito que encontra um jeito de ser reforçada. Uma teoria há tanto tempo implantada identitariamente, fazendo parte também de um processo de sabotagem, que se desloca em vários níveis: de cima para baixo no campo do político-econômico-social; entre pares, no nível horizontal; e em alguns níveis mais profundos – multidimensionais – que é o campo do mundo interno de cada sujeito. É lá no inconsciente – utilizando a versão freudiana topológica da mente –, o núcleo articulador de todos os desmantelamentos de si que não permitem o tão sonhado encontro com o que há de verdadeiro em cada personalidade. Trata-se – hipoteticamente – também de uma ponte anulada entre o inconsciente e o consciente, derruída, que não permite conexões. Uma espécie de antifunção alfa, tipo de "função" descrita na obra *Tendo mente própria*, de Robert Caper?[15] Ou seria apenas uma repressão? Ou simplesmente um mecanismo de defesa em relação ao afeto?

---

15 "Bion emprega o termo 'função alfa' para denotar o processamento complexo que torna suportáveis estados mentais insuportáveis". A função alfa tem a ver com a capacidade de pensar. Segundo Caper, a antifunção alfa "consiste na turvação da fronteira entre a realidade externa e interna". Para ele, a "antifunção alfa elimina a possibilidade de termos sonhos, imaginação, percepção, frustração ou satisfação. Impede-nos de investigar o significado de nossas fantasias e percepções de maneira

Importante salientar aqui que o trabalho de repressão, descrito e formulado por Freud, reprime e afasta certas *representações* da consciência (consciente), mas não faz a repressão das pulsões (instintos) e dos afetos; apenas inibe estes últimos (os afetos). A aversão ao aparecimento do afeto nesses encontros (pseudo) amorosos nos faz crer que a realidade de tal nível de experiência se tornou insuportável.

Já no nível político-econômico-social, o que se apresenta é um mundo capitalista a cada dia mais maquinal. Uma máquina de lógica, mas não pensante. Uma fábrica de animais humanos irracionais, não pensantes, inquilinos dentro da cadeia das ordens supranacionais. Principalmente no tocante à lógica de consumo, que também se espraia para as relações.

O excesso de escolhas aponta também para uma falta absoluta de *objetos* reais. É a era da distorção da distorção da distorção... Um "objeto" está sempre oculto por trás do objeto primeiro. Por trás daquele está outro, e outro, e outro. Mas é diferente do bom vendedor que te vende um carro para lhe promover outras coisas e emoções, que não são o carro. O disfarce, o embuste, aqui é outro. Nesse nível, o que se apresenta é da ordem do *nada* absoluto. Por trás do *objeto* sedutório, seja ele qual for, existem embrulhos. É como quando se ganha de presente uma caixa de presentes, que tem em seu interior outra caixa, que dentro dela cabe outra caixa, e dentro desta mais outra, mais embrulhos, até não dar em nada, nenhum conteúdo no presente. Um verdadeiro embrulho. (Mas que gerou negócio para toda uma pirâmide de agentes que prestam conta ao 'Deus Mercado').

As brechas possíveis existentes dentro desse mundo capitalista são pouquíssimas e pequenas. Mas são aquelas capazes de nos apresentar a mundos que podem aí sim nos ampliar, sublimar, ou... enlouquecer...

---

científica (o único modo possível de investigar seu significado), ao destruir, a um só tempo, a capacidade de construir hipóteses (sob a forma de fantasias inconscientes) e a capacidade de efetuar mensurações (sob a forma de apreensão da realidade externa). Sem a fantasia inconsciente, não podemos sequer imaginar o que significam nossas experiências; sem a capacidade de apreender a realidade externa, não nos é dado saber o que é imaginação e o que é percepção" (CAPER, Robert. *Tendo mente própria*. Ed. Imago. 2002).

O amor nos tempos do cólera tecnológico

> *Deixavam passar o tempo como dois velhos esposos escaldados pela vida, para lá das armadilhas da paixão, para lá das troças brutais das ilusões e das miragens dos desenganos: para lá do amor. Pois tinham vivido juntos o suficiente para perceber que o amor era o amor em qualquer tempo e em qualquer parte, mas tanto mais denso ficava quando mais perto da morte.*
>
> Gabriel García Márquez - Amor nos tempos do *cólera*.

Estar presente significa notar a passagem do tempo e ver que as coisas e entes se perdem, passam, deixam de existir. Significa ter tempo para elas e para si, e consequentemente poder fazer os lutos necessários dessas mesmas coisas. Estar presente significa sobretudo ser capaz de agir no tempo e espaço que nos concerne.

Mas o que acontece quando esse espaço e tempo é devassado pela chegada dos arautos de uma nova concepção tecnológica do mundo?

Dentro do mundo fluídico dos relacionamentos que operam com o amparo das tecnologias vigentes (presentes em aplicativos como o Tinder, por exemplo), a visão de mundo fica tacanha e sem horizonte, indo dos olhos à telinha, da telinha ao próximo *encontro*. O pouco valor que se dá a uma qualidade de afeto nesses tipos de relacionamento é oposto àquilo que o escritor brasileiro João Carrascoza afirma como algo primordial, ou seja, "a necessidade de entrega plena ao fortalecimento dos vínculos"[16] como consolidação de presença no mundo, pois tudo um dia parte.

O constante *partir* atual é muito diferente do que coloco acima. O *partir* na atualidade consiste em uma *não aposta* no ficar, no estar. Constitui-se num progressivo estar de passagem, de alta voltagem e velocidade.

---

16 Entrevista com João Carrascoza para Caio Garrido. *Tavola Magazine*. 3.ed. São Paulo. Ed. Patuá. 2017. Disponível em: https://issuu.com/tavolamagazine/docs/revista-tavola_3aedi_c3_a7_c3_a3o_w. Acesso em: 3 fev. 2022.

Parece mais seguro nos dias de hoje a aposta num eterno vir a ser, num eterno vir a ser algo que nunca se concretiza, do que "materializar" propósitos e fazer seus respectivos lutos. Parece mais seguro, pois, não se enganem, é uma época em que a segurança é muito mais valorizada do que a contrapartida da tão proclamada e "promovida" liberdade.

Aqui cabe uma digressão, com exemplos possivelmente demonstrativos disso, entre os quais o crescimento exponencial de condomínios, prédios e apartamentos que mais se parecem com prisões e presídios, não só nos processos de segurança, mas na estética de suas arquiteturas retas e sem refinamento, um desenvolvimento estético que sobretudo não conseguiu avançar e evoluir, e se desdobrou pra trás. Os parques de diversão e montanhas-russas passaram a ser demonizados por suas falhas de segurança, e muitos fecharam suas portas. Em outros, só os brinquedos "perigosos" pararam suas atividades. Ora, não há nada no mundo que se constitua com total segurança. Tudo que existe comporta certa taxa de risco, mesmo andar de montanha-russa. Níveis de risco estes – dos mais baixos aos mais altos –, que as pessoas parecem não estarem dispostas ou inclinadas a aceitar.

Esta é uma situação que se espraia e contagia a quase todos. Poderíamos classificá-la – seguindo de perto a teoria freudiana – como um *sintoma*. Um bom exemplar de sintoma de nossa época, cujas formas, neuróticas, psicóticas ou perversas na sociedade em que vivemos fazem muito mais estrago do que a princípio enxergamos.

Como herdeiros do Romantismo, não fomos educados suficientemente bem para o uso da razão. Ou para o *bom* uso da razão. E se não a usamos, nossos governantes e outras figuras de autoridade a utilizam da maneira que melhor aprouver a eles. *Mais autoritarismo* e *controle* reduz *campos de ação* e *autonomia*. Cria mais repressão e sintomas.

A internet e a tecnologia, aparentemente redutos de uma aclamada liberdade, paradoxalmente tornaram-se precursores de uma era de ainda mais cautela, com a tutela e a direção conduzida pelos atores de autoridade: governos, grandes corporações econômicas, e demais criadores de padrões de tecnologia e comportamento. Isso tudo, somado aos mecanismos de identificação e mimetismo[17], faz com que os comportamentos apareçam de forma cada vez mais uniforme.

---

17 Para o filósofo René Girard, nosso desejo é mimético, isto é, nasce da imitação do desejo do outro. O narcisismo hoje nas redes sociais se tornou lei. Existem aqueles que realmente se encaixam como sujeitos narcisistas no sentido diagnóstico. Mas para aqueles que a princípio não se encaixariam em tal "identidade", na sua

O que tento sugerir aqui é que apesar de todas as aparências 'dizerem' que é um momento pioneiro e único de liberdade, a essência desse momento é a de a todo custo não perdermos a segurança, seja nos relacionamentos, nos comportamentos e pensamentos desnudados na internet, ou nas ações supostamente autônomas.

A identificação, mecanismo dos mais comuns utilizado pela mente humana, é a mais antiga manifestação de uma ligação afetiva a outra pessoa, como Freud tão bem pontuou há tempos atrás. Em *Psicologia das massas*, ele cita três casos de formação de sintomas, em um dos quais ele assinala aquela identificação baseada em querer ou poder colocar-se na mesma situação de outra pessoa. Vale a pena lermos o raciocínio completo de Freud:[18]

> Há um terceiro caso de formação de sintomas, muito frequente e significativo, em que a identificação desconsidera totalmente a relação objetal com a pessoa copiada. Se, por exemplo, uma das garotas de um pensionato recebe carta de alguém que ama secretamente, uma carta que lhe desperta o ciúme, e à qual ela reage com um ataque histérico, algumas de suas amigas que souberem do que se trata pegarão esse ataque, como dizemos, por via da infecção psíquica. O mecanismo é aquele da identificação baseada em querer ou poder colocar-se na mesma situação. As outras também gostariam de ter um amor secreto, e sob o influxo da consciência de culpa também aceitam o sofrimento que ele envolve. Seria incorreto afirmar que se apropriam do sintoma por compaixão. Pelo contrário, a compaixão surge somente a partir da identificação, e a prova disso é que tal infecção ou imitação acontece também em circunstâncias nas quais se supõe uma simpatia preexistente ainda menor do que é habitual entre amigas de um pensionato. Um Eu percebeu no outro uma analogia significativa em certo ponto — em nosso exemplo, na mesma disposição afetiva, constrói-se uma identificação nesse ponto, e sob influência da situação patogênica essa identificação se desloca para o sintoma que o Eu produziu. A identificação através do sintoma vem a ser, desse modo, o indício de um local de coincidência dos dois Eus, que deve permanecer reprimido. O que aprendemos

grande maioria acabam por se deixar levar pelos princípios que podemos denominar como narcisistas. Ou seja, não importa muito 'se sou um sujeito' que não gosta de postar fotos na internet: 'sou levado' a isso. É impossível viver numa ilha. Os outros nos arrastam para o seu mar. O momento de trocar de celular, de passar a falar por WhatsApp etc., depende do quanto se está inserido em determinado tipo de "lugar". Chega certo momento que fica impossível postergar tais mudanças, pois se você está implicado no seu próprio desejo, os outros trazem sua força de atração para que você também possa ficar implicado em ter que mudar de posição.

18 FREUD, Sigmund. *Psicologia das massas e análise do eu e outros textos*. Obras completas, v.15. Cia das Letras, 2011 [1921].

dessas três fontes pode ser resumido assim: primeiro, a identificação é a mais primordial forma de ligação afetiva a um objeto; segundo, por via regressiva ela se torna o substituto para uma ligação objetal libidinosa, como que através da introjeção do objeto no Eu; terceiro, ela pode surgir a qualquer nova percepção de algo em comum com uma pessoa que não é objeto dos instintos sexuais. Quanto mais significativo esse algo em comum, mais bem-sucedida deverá ser essa identificação parcial, correspondendo assim ao início de uma nova ligação.

É importante ressaltar aqui a identificação a partir do sintoma, e o 'algo em comum' detectado na relação entre duas pessoas ou mais. Como disse Freud acima, "a identificação através do sintoma vem a ser, desse modo, o indício de um local de coincidência dos dois Eus, que deve permanecer reprimido" (o 'reprimido' aqui, representa o local do desejo, do desejo reprimido, aquilo que foi relegado ao inconsciente). Freud, portanto, apresenta ali o processo de identificação realizado de forma *inconsciente*.

O que a meu ver caracteriza a maioria das relações formadas a partir de um "encontro" virtual, é que elas param e se detêm numa espécie de identificação consciente com aspectos aparentes: 'Tenho afinidade com estas e estas coisas de tal pessoa'. E mais além também, essa nova espécie de relações traz o reflexo do que Freud diz como a situação em que "a identificação tomou o lugar da escolha de objeto, e a escolha de objeto regrediu à identificação"; ou seja, uma regressão e/ou paralisação em um estágio de desenvolvimento.

A evolução afetiva de um ser humano ao longo de uma vida é tributária do desenvolvimento de suas identificações, ou melhor e mais ainda dizendo: das resoluções possíveis de seu Complexo de Édipo. Tomando o exemplo de um menino, ele se vê identificado primariamente com seu pai (em teoria), e, ao mesmo tempo, de forma ainda absolutamente independente dessa identificação, se vê relacionado diretamente com seu objeto de amor principal, no caso sua mãe. Esse último caso é de um investimento objetal direto. O primeiro (com seu pai) é de uma identificação que o toma por um modelo.

Dos destinos dessas identificações e escolhas de objeto de desejo nascem as diferentes configurações psíquicas e de comportamento afetivo e sexual, além dos possíveis sintomas, que é o que estamos trabalhando aqui.

Dentro desses, há muitas vezes situações em que o 'Eu' adota características de seu objeto outrora amado. E em outras nas quais (como no exemplo citado pelo Freud das moças do pensionato) a identificação ocorre com a pessoa se colocando na mesma situação que acomete o 'outro'.

Freud deixa claro em seu texto que é por via *regressiva* que a própria pessoa se torna o substituto para uma ligação objetal libidinosa. Isto é, ela se identifica com o objeto.

Deixo aqui como hipótese, nas ligações afetivas de hoje em dia, que a regressão, ou a paralisação e fixação libidinal, pode nascer despojada também da necessidade de se apropriar daquilo que se identifica. Ou seja, há uma identificação absolutamente parcial, rápida e incondicionalmente transitória.

A partir da leitura de Freud, poderíamos elencar algumas hipóteses ou passos que nos levam a entender um pouco as relações modernas:

- Uma espécie de infecção psíquica que leva as pessoas a tomarem o mesmo comportamento de seus grupos de pertinência. A *identificação através do sintoma*.

- Freud relata a identificação inconsciente. O que pode ocorrer nessas relações é um tipo de identificação que nem chegou a esse nível – que poderíamos aqui caracterizar como um nível de menor qualidade até. Ficaria no passo de uma identificação *consciente* com algumas características superficiais do outro apenas.

- Nesse nível pequeno de exigência de identificação, as relações podem ser bem mais solúveis.

- Não há necessidade última de se apropriar de algo do objeto de identificação.

- Nas manifestações de afeto, as pessoas se identificam umas às outras, e o caminho de saída para outro tipo de manifestação afetiva fica barrado. Aparece também a negação contínua da necessidade real de afeto, criando assim um ininterrupto ciclo vicioso, um temor e uma constante evitação da intimidade presente no amor.

Aparentemente, as pessoas querem se identificar com algo. É o que mostram, por exemplo, certos movimentos separatistas pelo mundo, como o da Catalunha. São movimentos de identidade regional, de nação, de etnia, ou todos estes juntos. No caso desses *sentimentos* separatistas, é importante ver que existem outras relações que não as mais ou menos evidentes no entendimento disso.

O conteúdo manifesto ou aparente seria o de algo que liga ao outro, de um ideal de vínculo com o outro, uma bandeira ou uma nação. Mas isso por si só já mostraria algo autoevidente, como é o caso da questão da Catalunha: a identificação catalã já existe antecipadamente. A despeito do que seria esse conteúdo manifesto de busca de ligação, o que o conteúdo latente nos mostra é algo que mais deseja separar do que se ligar. *Tânatos* ao invés de *Eros*. Os sentimentos separatistas na Catalunha acirraram-se, por exemplo, em função dos problemas econômicos enfrentados pela Espanha. Ou seja, a natureza desta vontade de separação tem outros gatilhos, como este elencado acima. Pois movimentos separatistas não tem um único vértice de significação, sendo que somente a questão identitária não seria suficiente para que os desejos individuais se reunissem em torno do movimento. A separação aqui indica um movimento de fragmentação, que é também um padrão que vem ocorrendo a nível universal.

Daí que um sentimento benigno de busca de identidade – salientando que estamos olhando para esse fenômeno sob a ótica e vértice da identidade – vem acompanhado ocasionalmente pelo sentimento de separação – para assim conseguir enxergar-se fora da fusão que antes atrapalhava a visão de si mesmo.

Isso não deixa de ser paradoxal: trata-se assim realmente de um movimento ao mesmo tempo de uma busca identitária residual, e de uma crescente dissolução e fragmentação de outros vínculos. Ou seja, estamos lidando com algo da ordem de buscas cada vez mais individualistas e não comunitárias. Considerando-se exemplos históricos, a tendência nesses casos é de rupturas e cisões em partes cada vez menores nos nichos identitários.

O vínculo, a ligação afetiva (Eros, amor) vai se desligando aos poucos nestes tempos. Vai se deslocando do amor para o *amor a si*.

De certa forma, o problema no mundo é questão de conhecimento. Daí a completar nossa ignorância com o imaginário é apenas um passo. A partir daí surgem todos nossos conflitos, erros, nossa incapacidade de discernimento, violência e confusão. Seria preciso, antes de tudo, tolerar o *não saber*.

Não saber a história toda foi a limitação que induziu Édipo ao erro. Ele não sabia quem era seu verdadeiro pai e mãe.

A questão não é termos comido do fruto da Árvore do Conhecimento. Mas sim aquilo que acabamos sempre por não saber ou conhecer. Aquilo que é nossa perpétua ignorância.

O campo de conhecimento daquilo que ignoramos está sempre à espreita. Ter humildade e cuidado frente ao que não sabemos pode ser uma atitude sensata e até mesmo sábia.

Em relação ao amor, podemos traçar condições pertencentes ao mesmo contexto já apresentado: uma espantosa dificuldade em se conectar ao outro e realmente se conhecer.

Penso que, por trás de nossas buscas identitárias, existe um grande desejo de autoconhecimento. Movimentos separatistas são de indivíduos que visam identidade (de forma perversa muitas vezes), mas que também visam o conhecimento de si (que seria algo benigno). Irmãos que se separam ou brigam – a título de exemplo, quando da morte do patriarca – são profundamente marcados por uma vontade inconsciente e inalienável de melhor se autoconhecer. Sem essa marcação daquilo "que sou", longe do outro, por vezes fica difícil enxergar-se.

Isso também pode acabar recaindo numa ilusão, como se assim fosse possível organizar-se mais adequadamente, obter um triunfo identitário, e aperfeiçoar sua identidade ou autocaracterização ('sou idêntico e fidedigno a mim mesmo'). Ou seja, o que pode haver aí é uma redução dos limites da própria identidade. Esta poderia abarcar um campo muito maior de experiências e inclusão, e também abrir a possibilidade de melhor transitar por outras identidades.

Seguindo esse raciocínio, tal forma de busca pode então tornar-se um caminho para mais alienação. O embate e junção de forças ideológicas e identitárias pode acabar recrudescendo e reduzindo ainda mais essas mesmas identidades, e não trazer a ampliação que vem do conhecimento (no caso acima, um autoconhecimento).

Dentro dos vínculos de amor e paixão existe um desejo subliminar de se conhecer. De descobrir os próprios limites, o verdadeiro tamanho e extensão – é incrível como o celular se tornou hoje uma espécie de extensão de nós mesmos.

Nos identificamos com algo no outro. O outro identifica algo na gente. Só que vivemos um perene ou intensificado período de intolerância à verdade. Na política, por exemplo, o que parece valer é só "nossa verdade". No amor, tolerar a verdade envolveria ver e aceitar nossos próprios defeitos.

O amor é algo que *a priori* busca a união com o outro. A busca de uma fusão. Mas ninguém parece querer pertencer a algo nesse período de hipermodernidade. Porque existe uma intolerância à verdade – que, tal como marcado acima, podemos ver como exemplo atualmente nas relações dos indivíduos com a questão política.

Porque ao começar a se relacionar, despontam seus próprios defeitos e limitações, além de qualidades. Qualidades das quais o sujeito também precisará se responsabilizar, sendo que uma das chaves para entender o momento é a total preguiça dominante ou a incapacidade de comprometimento e responsabilidade com algo ou grupo, ou comunidade. Nos tempos em que vivemos, a dispersão é a lei. As demandas de todos os lados (inclusive ampliadas pelos meios tecnológicos), junto ao excesso de "informação", nos fragmentam, diminuindo nossa capacidade de comprometimento.

Somado a isso, vivemos o ápice do individualismo. Segundo Klaus Schwab, "ao contrário do passado, a noção de pertencer, de fazer parte de uma comunidade, é hoje definida mais pelos interesses e valores individuais e por projetos pessoais, do que pelo espaço (comunidade local), trabalho e família".

Com todos esses lugares de pertencimento colocados em xeque, fica difícil sustentar qualquer desejo e disciplina de busca amorosa. Temos então aí um sujeito de origem duvidosa (parece necessário reiterar continuamente ao *outro* uma determinada "origem", pertencimento ou identidade), absolutamente estranho a si mesmo, com destino desconhecido e com realização improvável de objetivos individuais e coletivos nesse ambiente competitivo em que todos vivemos.

Segundo o que diz o doutor em filosofia Marco Casanova, citando *O estrangeiro*, de Camus, nascemos sob o domínio da perda de pertencimento. Mas o que fazemos com isso?

Penso que diante desse signo da perda original de pertencimento (seja ela qual for), se faz necessário a presença da vulnerabilidade. Para estarmos em comunidade, para que haja vínculos, para que exista uma busca verdadeira de pertencimento e identidade, é condição *sine qua non* que existam seres que tolerem, aceitem e exponham de certa forma suas vulnerabilidades. Sem isso, uma grande porção de outras coisas consequentemente não acontecem; ficam privadas da possibilidade de existência.

É como se a vida fosse um grande *romance* (analogamente ao gênero literário), e os indivíduos não conseguissem construir sequer um *poema*, levando então uma existência *haicai* eletrônica às avessas. Um haicai que faz uma tentativa sim de captar o flagrante da passagem do tempo, mas nesse haicai imperfeito a busca é a de captação de um *instantâneo de tempo*, que tal qual uma bolha de sabão, assiduamente se converte em um tempo que sempre escapa. Nesse sentido, para se criar um *romance* é preciso acima de tudo saber sustentar uma angústia. Uma luta perpétua.

Mas antes que, a partir desta digressão toda, a ideia principal se disperse, voltemos à questão da infecção psíquica relacionada aos modos do "amor" em tempos tecnológicos. O comportamento humano é dado a esse tipo de fenômeno de contágio.

Já foi falado um pouco atrás dos relacionamentos por meio dos aplicativos de encontros. Normalmente, nesses casos, a porcentagem é mínima para a formação de vínculos duradouros e sólidos através do uso dessas ferramentas.

Viver o imediato: essa é a busca. Mas viver o imediato deveria significar viver ou vivenciar o presente. Não o imediatismo comum de nossos tempos neste presente que continuamente escapa. Mesmo assim, é uma forma de relação que se dissemina e encontra todo tipo de adeptos, até os mais inesperados.

E nesse contágio, os indivíduos perdem de vista a própria iniciativa e autonomia, além de sua espontaneidade e autenticidade, buscando se amparar e não abandonar sua tão amada zona de conforto (aqui novamente a dialética segurança e liberdade se realiza). Uma falsa liberdade tremulando como bandeira no horizonte...

Algo que também continuamente nos chama a atenção, é que as conversas parecem ter se tornado algo de ordem padronizada, burocrática, banalizada e pragmática.

Certas etapas no campo da sedução e conquista foram eliminadas. Sem o flerte, toda uma série de coisas acaba não acontecendo. Apesar de haver uma certa carga de verossimilhança nas realizações nesse campo (do "amar" que nasce do virtual), não é algo digno de crédito, ou não gera confiança o tipo de satisfação engendrada a partir daí. Cada um sabe em sua vida a qualidade daquilo que é definido como genuíno. No caso aqui, acredito que quase sempre possamos ter a capacidade de intuição ou consciência do que é uma satisfação genuína no campo da paixão, do sexo ou amor. Para isso ocorrer, se faz necessário um esforço. Normalmente vemos na dualidade *esforço e recompensa* somente o lado que diz que sem esforço não há recompensa. Mas algo um pouco diferente disso também pode ser verdadeiro: podem existir gratificações sem que haja esforço, ou quando o esforço é bem pequeno. O que ocorre nestes casos (como muitos "relacionamentos" que nascem do virtual) é que tal gratificação perde o valor. Não é valorizada. A chamada recompensa, para existir, cria a necessidade da realização de um pleno esforço.

E é nesse bojo de situações que algumas coisas interessantes começam a aparecer. Como por exemplo um grande paradoxo nas queixas das pessoas que se relacionam a partir de aplicativos eletrônicos. Um deles é um lamento constante de que "ninguém está nem aí", de que as pessoas "são ou estão todas muito superficiais". E ao mesmo tempo dizendo para si e para o mundo de seu desejo por um relacionamento sólido e verdadeiro. O paradoxo é aparentemente buscar-se o profundo sem querer o compromisso. Indo só até certo ponto do superficial. Queixar-se que é tudo igual e superficial e ao mesmo tempo só se enxergar como uma pessoa livre e que não está em um momento de busca por um compromisso sério; essa contradição se expressa na incapacidade ou falta de iniciativa em atingir algo de mais profundo no outro. Se ninguém toma iniciativa, todos se comportarão da mesmíssima forma e a imitação ou o comportamento mimético tornam-se a moeda corrente.

Viver uma coisa por aquilo que ela realmente é soaria mais legítimo e sincero. Ou seja: admitir para si mesmo que o que se busca é tão somente uma relação casual, torna compatível o desejo e respectivos graus de frustração e satisfação quando de sua realização.

Quando há alguma espécie de falsidade "ideológica", o resultado é infértil. Não há fertilização[19] de ideias, pensamentos etc. É generalizada a formulação contraditória vinda do exemplo de uma pessoa que diz que não está em busca de compromisso e ao mesmo tempo se queixa da falta de profundidade nas relações. Tal queixa é frequente. Para a psicanálise, isso pode não passar de uma expressão de resistência.

E para haver algum tipo de fertilização de ideias, a nutrição deve ser boa. E isso nos leva para a seguinte questão: do que nossa mente se alimenta?

---

19 Nos relacionamentos virtuais podem perder-se algumas necessidades básicas humanas, que estão na base da ideação presente no desejo e na fantasia. Ora, para um relacionamento vir a vingar e dar frutos, mais que os dois bastardos que esperam se bastar aglomerando-se num só, nos estertores da experiência orgástica do sexo, é preciso que algumas coisas aconteçam. Para uma mulher ou um homem, uma abordagem virtual não tem o mesmo valor ou significado que uma abordagem no "mundo concreto". E caso algumas premissas básicas para que a fantasia "funcione" não ocorram, dificilmente a relação vai se produzir verdadeiramente. Se não é uma criação conjunta, não se perpetua. Não fertiliza o novo. É praticamente indispensável que algumas premissas básicas num relacionamento se produzam (coisas como sedução, tempo, coragem, entre tantas outras) para se alcançar significado. São essenciais, pois se não adquire significado, o símbolo não se produz.

Para tentar respondê-la, vale a pena confiarmos a palavra a um monge budista nascido no Sri Lanka, chamado Bhante Henepola Gunaratana:

> A mente não produz pensamentos do nada. Ela tem que ser alimentada com algo que usará como matéria-prima para produzir os pensamentos. A matéria prima é aquilo que você forneceu como alimento no passado. Se você não a alimentar com palavras, se você treiná-la evitando a verbalização, a mente não poderá produzir pensamentos do vácuo.[20]

O que nos move para a questão de como nossa mente pode estar e ficar intoxicada com tantos elementos vindos do mundo virtual. Nos alimentamos daquilo que vemos e ouvimos. Ficamos dependentes desses componentes virtuais que nos abastecem diariamente, mesmo quando eles podem vir a ser considerados tóxicos, em sua natureza e/ou em seu excesso.

Sabemos, ainda mais pela contribuição de prestimosos psicanalista – como foi o caso de Wilfred Bion– que, entre outras coisas, a mentira é tóxica para a mente. E a verdade é o que a alimenta.

Se uma das chaves para se entender o momento é a da busca cega, ofuscada, obcecada, descomedida e incessante por identidade, e se nessa busca desenfreada e aparentemente incontrolável no nível social o que "frutifica" é a fragmentação e não a aproximação a uma maior integridade (em níveis individual e social), poderíamos dizer que levamos uma vida patológica, em que o vício e a compulsão fazem parte da "qualidade" atual de cada mente.

Teríamos então aquilo que alimenta a mente e aquilo que a vicia, ou aquilo que alimenta seus vícios.

Tal comportamento de massa, numa contaminação em que cada um age no outro, e nenhuma força – ou quase nenhuma – se opõe a ela, fortalece a ideia forçosamente vendida de que o amor é uma experiência inverídica e romântica. De que deve sua existência aos filmes e narrativas de nossa época.

Nada mais falso. Num ambiente de disseminação de "informações" ampla e profunda como a que ocorre através do meio virtual, uma estrutura tão bem delineada como a da propaganda pode então assumir o cargo de comando social. O agente de disseminação de mentiras, toxicidades e falsas necessidades é representado pelo marketing, um

---

20 Fonte: https://budismopetropolis.wordpress.com/2017/10/22/os-pensamentos-nunca-param/ - Os Pensamentos Nunca Param?, por Bhante Henepola Gunaratana

sistema concreto e consciente, capaz de acessar nosso inconsciente, atravessando todos os níveis e meios por onde os seres humanos se relacionam.

Dentro dessa estrutura, na qual os vínculos estão de certa forma muito contaminados, a valorização pública de vínculos mais estáveis é a última das janelas por onde esses agentes – presentes nas redes sociais e hipermídias – se voltarão.

Tais agentes (principalmente nos meios virtuais) adquirem a capacidade de disseminação de ódio, que se torna então um sentimento que favorece a manutenção de certas estruturas de poder.

Assim como o amor, o ódio também é uma forma de ligação com o outro. E hoje há identificação mais com o sentimento do ódio do que ao amor. O escritor Jonathan Franzen entendeu bem a dinâmica disso na sociedade americana na época do governo Bush:

> Ódio é diversão. O grande insight dos extremistas da era da mídia. De que outra maneira explicar a eleição de tantos fanáticos repulsivos, a desintegração da civilidade política, a ascendência da Fox News? Primeiro o fundamentalista Bin Laden presenteia Bush com a dádiva do ódio, aí Bush capitaliza esse ódio através do seu próprio fanatismo, e agora metade do país acredita que Bush está fazendo uma cruzada contra O Mal enquanto a outra metade (e a maioria do mundo) acredita que Bush seja O Mal. Praticamente não há ninguém que não odeie alguém hoje, e absolutamente ninguém que não seja odiado. Sempre que penso sobre política minha pulsação acelera, como se eu estivesse lendo o último capítulo de um livro de ação vendido em aeroportos, como se estivesse assistindo à última partida de beisebol de uma série melhor de sete entre o Sox e o Yankees. É diversão-como-pesadelo-como-cotidiano. Uma ficção melhor pode salvar o mundo? Sempre há um fiapo de esperança (coisas estranhas realmente acontecem), mas a resposta é quase certamente não. Há uma chance razoável, no entanto, de que a ficção possa salvar nossa alma. Se estamos infelizes por causa do ódio em nosso coração, podemos tentar imaginar como é ser a pessoa que nos odeia; podemos considerar a possibilidade de que somos, de fato, O Mal.[21]

No meio eletrônico não há escape para que esse mal não se transmita numa alta velocidade, incomparável com os tempos passados, tendo as redes sociais, como o Facebook, como uma das principais ferramentas para que isso aconteça. Dentro desse contexto, o amor passar a ser algo praticamente clandestino.

---

21 FRANZEN, Jonathan. *Como ficar sozinho*. Cia. das Letras. 2012

No que diz respeito às redes sociais, um filme – *A rede social* – retrata bem o surgimento do Facebook. Sabemos que ela foi criada com o intuito de compartilhar fotos, ideias, vídeos, perfis, entre outros, potencializando assim a forma de entrarmos em contato com as pessoas pela internet. O filme que conta a história de Mark Zuckerberg, criador do Facebook, narra não só os fatos da história da criação, veiculação, e briga pelos direitos do site, mas também transmite de forma convincente os conflitos da vida por trás da tela do computador. Mark inicia a criação do site por causa de uma frustração com a namorada. E é vendo o perfil dela, no site que o próprio Mark Zuckerberg construiu, que o filme deliciosamente termina.

Não há tecnologia que faça voltar uma pessoa que já foi embora da vida de alguém. E não há nada que faça ir embora aquilo que faz de nós humanos e sensíveis uns aos outros e ao mundo. Para o bem ou para o mal.

As paixões humanas não morrem. O amor sempre resiste. É o laço que nos une.

Vínculos de desamor, ódio, intolerância ao conhecimento e à verdade são alguns dos sintomas (porque em extremo excesso) de nossa época, e assim como nos tempos do *cólera*, se alastram com extrema facilidade, ainda que o amor persista em aparecer e nos dar o ar da graça, como num romance "marqueziano".

Objeto e espaço transicional nos espaços e relações virtuais

Reside ainda nesse tipo de relacionamento não duradouro e concebido através do espaço virtual um possível fator que pode fazer agir uma importante função psíquica.

Esses "relacionamentos" ficariam a meio passo do real, a meio passo da (real)ização do desejo, em que o virtual seria apenas um passo em direção a um naco, um pedaço de real. Acabam sendo episódios frustrantes porque não há um verdadeiro sentimento de consumação. Fica a sensação de algo que sempre permanece guardado, ou que fica pelo caminho. Luiz Alberto Oliveira, físico e cosmólogo brasileiro, diz que "são tantas as correntes, tantos os ventos, tantas as ondas, e mudando com tal frequência, que nós nos desorientamos. Isso significa que nós vamos deixando pedaços de identidade para trás, mas ainda não colamos os outros, vivendo então num estado de eterna incompletude".[22]

---

22 Quanto tempo o tempo tem. Direção: Adriana L. Dutra. Produção: Alessandra Alli, Claudia Dutra. Documentário. 2015. 76 min.

A relação então comporta o real, o que é real nela. Abarca um pedacinho de real, mas sua natureza é a de uma ilusão.

Se olharmos o conceito de *realização*, um dos significados que está presente no dicionário é o de ato ou efeito de realizar-se, de poder *concretizar algo*. Muito próximo ao conceito de "pensar" de Wilfred Bion. Para ele, o pensar é um prelúdio para a ação – que seria uma espécie de realização. O que não é muito diferente do que Freud também dizia.

Mas indo mais além, usando um conceito do psicanalista Donald Winnicott, poderíamos pensar nessas relações como um fenômeno transicional, ou seja, "uma região intermediária de *experimentação*, para a qual contribuem tanto a realidade interna quanto a externa".[23] Usando de suas conhecidas concepções de *objeto transicional* e *espaço transicional* (ou espaço potencial) – formulações inovadoras que este psicanalista nos trouxe – poderíamos extrapolar tais conceitos para essa esfera dos relacionamentos em tempos de mundo digital.

O que opera nesse sentido, nesse ficar a meio caminho de algo, poderia encontrar breve estação de parada. Espaço transicional seria um território de teste nesse caso, casual; um território intermediário entre o mundo interno e externo de um sujeito. Winnicott aceitou esse paradoxo. Será que estamos prontos a aceitar também?

Para aqueles que desconhecem essa teoria winnicottiana, podemos exemplificar com o que acontece aos bebês: os bebês, em certo ponto de suas vidas (no período posterior aos seis meses de vida), são obrigados a reconhecer a existência da realidade externa, e concomitantemente a sua mãe como separada de si mesmo. E com essa nova realidade, vem a angústia e um certo abalo emocional que pode ser acalmado com o aparecimento do fenômeno transicional, que vai se transmutando do uso do polegar ou objeto à boca, a ponta de um lençol ou fralda – com os quais também se acaricia ao dormir por exemplo – além de sons bucais. E mais adiante, no decorrer dos meses, evolui para o uso de um objeto específico como um ursinho ou paninho (não substituíveis), que lhe servem para se tranquilizar e defender-se de suas ansiedades. Importante salientar que esse objeto – o tal objeto transicional – não é um simples objeto. Isto é, o bebê está normalmente cercado de 'objetos', sejam eles brinquedos, mamadeira, chupetas etc. Contudo, o que está em jogo quando o bebê se apega a um deles (um paninho, por exemplo), é o fato de tomar posse deste. O

---

23 WINNICOTT, D.W. *Da Pediatria à Psicanálise: obras escolhidas*. Rio de Janeiro: Imago, 2000.

objeto é único e exclusivo do bebê. Uma posse que temporariamente sana a falha materna, tornando-se assim esse objeto uma espécie de "encarnação" da mãe.

Winnicott amplia o conceito em relação ao espaço transicional, abarcando a partir daí a brincadeira infantil, o devaneio adulto com origem na brincadeira, a produção cultural, a criatividade e criação, a apreciação da arte, o sentimento religioso, o sonho, entre outros.

Destaco tais conceitos pra ilustrar a questão trazida anteriormente a respeito dos relacionamentos, que se tornam assim possíveis pontos de parada, funcionando como um espaço intermediário. Em sua teoria, Winnicott afirma que tal 'local' teria como função ser "um lugar de descanso para o indivíduo permanentemente engajado na tarefa humana de manter as realidades interna e externa separadas, e ao mesmo tempo inter-relacionadas".

Se tais relacionamentos casuais, absolutamente fugazes e transitórios, funcionarem como espaços transicionais, cumprindo a função de jogo, "brincadeira", e salvaguarda de sentimentos de angústia e ansiedade pela falta de um verdadeiro objeto amoroso, poderíamos estar habilitados a fazer esta hipótese de aproximação a tais conceitos de winnicottianos. Quando traz as características especiais no relacionamento entre bebê e objeto transicional, Winnicott diz o seguinte do destino de tal objeto, que em determinado momento simplesmente perde o sentido:

> seu destino é o de poder ser gradualmente descatexizado, [...] relegado ao limbo. Com isto quero dizer que, na saúde, o objeto transicional não 'vai para dentro', nem o sentimento a seu respeito sofre repressão necessariamente. Ele não é esquecido e não há um luto por ele. Ele perde o sentido, e isto porque os fenômenos transicionais tornaram-se difusos, espalharam-se sobre todo o território intermediário entre a 'realidade psíquica interna' e o 'mundo externo conforme é percebido por duas pessoas que estão de acordo', isto é, sobre todo o campo da cultura.[24]

Nesse sentido, os encontros gerados pela busca de satisfação a partir do virtual poderiam funcionar como um breve espaço de saúde psíquica que, quando abandonados, possam ainda funcionar realmente como transição. Um impulsionamento para o indivíduo buscar relações significativas. Esta pode ser uma hipótese otimista deste fenômeno que é o das relações virtuais, lembrando que nem sempre isso é o que ocorre.

---

24 WINNICOTT, D.W. *Da Pediatria à Psicanálise: obras escolhidas*. Rio de Janeiro: Imago, 2000. p. 321

Ou seja, frequentemente existe a possibilidade de tais buscas estarem vinculadas a um campo psíquico patológico, que descende de uma patologia social.[25]

---

25 Importante salientar também aqui que Donald Winnicott previu e aventou em sua teoria a existência de psicopatologias relacionadas a regressões a estágios do fenômeno transicional, assim como a lacunas e estados de persistências nesses estágios, como as patologias ligadas à adição, ao furto, e ao fetichismo.

VII - DEPENDÊNCIA

Os bebês não vivem/sobrevivem sozinho. No início, o bebê é visto e só existe na conjunção mãe-bebê. Ou seja, há uma dependência absoluta. Mas o interessante é que ele desconhece esse estado de dependência, pois entende que ele e o meio são uma coisa só. É nesse momento que a mãe age para o atendimento às necessidades do bebê. No decorrer de seu desenvolvimento, este pode ir se encaminhando para uma dependência relativa, quando já puder se ver como separado da mãe.

O caminho em direção a uma maturidade emocional é o indivíduo fazer o trajeto da dependência absoluta para uma dependência relativa, até chegar a uma "independência", o que seria estar imerso em uma interdependência com outros seres humanos.

A absoluta sujeição à tecnologia, na qual o indivíduo moderno está imerso, pode ser vista como se o ser humano regredisse assim a uma fase anterior do desenvolvimento, ficando sujeito desse modo a uma nova e estranha forma de dependência. Chega a nos parecer que não haveria chances de sobreviver sem os cuidados deste *ambiente* que acolhe (mãe-*tecnologia*).

Podemos identificar também aí uma espécie de terceirização de funções. Delegamos parte de nossa mente a esses aparelhos e aplicativos de celulares. Parte de nossa memória é depositada em algumas dessas maquininhas. Já perdemos a capacidade de nos localizarmos por nós mesmos, de lembrar nomes de pessoas, ruas, números de telefones, e outros. E a cada dia a evolução tecnológica caminha num sentido de deixar-nos ainda mais dependentes.

VIII – REALIDADE VIRTUAL E REALIDADE PSÍQUICA

Nossa vida é um sonho, nós estamos dormindo, mas de vez em quando acordamos o suficiente para saber que estamos sonhando.

Ludwig Wittgenstein

Essa nossa existência é transitória como as nuvens de outono, observar o nascimento e a morte dos seres é como observar os movimentos de uma dança.
Tudo o que é passageiro é uma ilusão que vem nos incomodar.

Buda

Uma das grandes descobertas freudianas foi o mapa do funcionamento inconsciente. Esse mapeamento apresentava a enorme dimensão de um mundo interno até então não revelado. A partir do seu modelo de mente Freud marcou o itinerário de nossa libido, destacou os aspectos pulsionais – indo do instinto às fantasias –, além de demarcar territórios internos como o ego, id e superego. Detalhou ainda o jogo de defesas e resistências inconscientes. Entre tantas outras coisas, pôde oferecer sua perícia técnica para decodificar esses "dados" e projetar na tela de nossa visão toda essa topologia, ancorando nela um modelo das localizações possíveis e acessíveis de nossa mente, com o inconsciente em relação constante e direta com o consciente. Uma revolução humana e científica notável e singular – fez verdadeiramente emergir um novo universo.

Dando localização conceitual a todos esses espaços psíquicos, promoveu todo esse universo mental a uma nova realidade. Isto é, pleiteou existência para o que chamou de *realidade psíquica*, em contrapartida ao que chamamos de realidade, ou realidade externa.[26]

---

26 Freud faz uma primeira distinção, entre realidade "psíquica" e "factual". Este último termo foi posteriormente alterado para "material".

Naturalmente, a interconexão entre essas duas naturezas de realidade é evidente. Formam uma só realidade.

A realidade psíquica tem suas próprias leis, regras e características, fazendo parte dela o inconsciente. Para Freud, esse termo designa aquilo que para o sujeito assume valor de realidade no seu psiquismo. E tal realidade é uma forma de *existência especial* que não deve ser confundida com a realidade material.

Importante lembrar que o conceito de realidade psíquica abarca algo que vai muito além daquilo que seria uma mente com suas funções lógico-racionais. Segundo o que se encontra no *Vocabulário de psicanálise* de Laplanche e Pontalis, "a ideia de realidade psíquica está ligada à hipótese freudiana referente aos processos inconscientes; não só estes não levam em conta a realidade exterior como a substituem por uma 'realidade psíquica'".[27] Diz ainda: "Na sua acepção mais rigorosa, a expressão 'realidade psíquica' designaria o desejo inconsciente e a fantasia que lhe está ligada."

Freud então adotou o *sonho* como a via régia de acesso ao inconsciente. E a concomitante interpretação do que nele se passa, com o respectivo desvelamento do desejo ali presente, faz o caminho de volta para a consciência.

A ficção da realidade

"Somos da mesma matéria dos sonhos".

Tal formulação – igualmente revolucionária – presente na peça *A tempestade*, de William Shakespeare, aponta para essa mesma realidade, mas ampliando a perspectiva sobre a mesma.

Uma realidade que também pode ser caracterizada por sua condição volátil, transitória, delicada, impermanente e fugaz.

Apesar de toda a aparente densidade dessas "realidades" (interna e externa), a efemeridade é essência da vida – uma consistência que evapora como água. Uma fragilidade na qual nossa existência está suavemente apoiada e equilibrada. Podemos assim até conceber sua natureza contendo um potencial ficcional.

Construímos narrativas que em parte herdamos e em parte escrevemos com nosso próprio punho. A composição híbrida obtida do

---

27 LAPLANCHE, J.; PONTALIS, J. B. *Vocabulário da psicanálise*. Tradução de Pedro Tamen. São Paulo: Martins Fontes, 2001.

cruzamento desses dois discursos irá tecer parte de nossa identidade, tão frágil quanto nossas vidas. Essa ficção, que depende de crença, manutenção, contínua criação, flexibilidade, ressignificações, memória, entre tantas outras coisas, também carece de solidez.

É célebre a frase que diz que a vida imita a arte – assim como obviamente a arte imita os funcionamentos da vida. E se parássemos realmente para pensar, veríamos que mesmo a parte mais verossímil da história de uma vida pode ter suas referências balançadas, dependendo do ponto de vista e interpretações que a ela possamos dar. Uma quimera?

A vida, seja ela bem vivida, de sofrimento árduo, rica ou pobre, ou de sacrifício devotado, se esvai como um sonho.

Ilusão. A natureza ilusória da vida foi arduamente exposta por várias filosofias espirituais e por muitos de nossos grandes filósofos. Assim como também a psicanálise pôde contribuir para dar mais corpo e textura a essa matéria de ilusão que nos cabe.

De Freud – como em um *O futuro de uma ilusão* – a Winnicott – quando fala desde o horizonte do mundo dos bebês – o conceito de ilusão, com a respectiva desilusão, vai se aperfeiçoando quando visto a partir de diferentes ângulos. Segundo Winnicott:[28]

> Nos primeiros tempos, a mãe, por adaptar-se em quase 100%, proporciona ao bebê a possibilidade de ter a *ilusão* de que o seu seio é uma parte dele. Ou seja, como se este estivesse sob o seu controle mágico. [...] A tarefa da mãe será posteriormente a de desiludir o bebê, mas ela não terá nisto qualquer chance de sucesso, caso não tenha sido capaz de oferecer inicialmente a possibilidade de ilusão.

Ainda sobre isso:

> O ser humano, portanto, preocupa-se desde a infância com a questão do relacionamento entre o que é objetivamente percebido e o que é subjetivamente concebido, e na resolução desse problema não haverá saúde para o indivíduo cuja mãe não lhe proporcionou um ponto de partida adequado. [...] Da maneira usual, ela dá ao bebê o seu seio e o seu anseio potencial por alimentar. A adaptação da mãe à necessidade do bebê, quando suficientemente boa, dá a este a *ilusão* de que existe uma realidade externa que corresponde à sua capacidade de criar. Dito de outro modo, há uma superposição entre o que a mãe fornece e o que o bebê é capaz de conceber.

---

28 WINNICOTT, D.W. *Da Pediatria à Psicanálise: obras escolhidas*. Rio de Janeiro: Imago, 2000. p. 327

Depois de proporcionada esta possibilidade de ilusão ao bebê, a tarefa mais importante da mãe é a de desiludir, que antecede à tarefa do desmame, e deve continuar ao longo da vida. O processo de aceitação e diferenciação da realidade externa da realidade interna jamais se completa. E é nesse processo de 'desmame' que aparece a constelação de uma série de fenômenos a que chamamos de *frustração*.

Voltando à questão anteriormente colocada sobre a natureza ilusória a que a vida está submetida, quando o sujeito é instado a lidar com a realidade e indubitavelmente se frustrar, descobrindo assim os véus que supostamente o protegiam da verdade, o volume de desilusão e frustração pode ficar tão grande, que isso muitas vezes acaba não vindo desacompanhado de desencantamento pelo mundo, melancolia ou depressão.

Muitos acabam determinados a rechaçar a realidade da própria ilusão, isto é, creem que o que todos chamam de ilusão, para eles não é, nunca foi. Já para aqueles que conseguem suportar o desvelamento da ilusão do mundo, paradoxalmente a vida pode passar a ganhar novas cores, matizes e encantamentos.

Mas sempre será necessário se deixar viver e aceitar certa cota de ilusão, pois ela é condição *sine qua non* para a saúde psíquica.

A realidade virtual

A realidade virtual poderia ter características aproximáveis ao que colocamos como realidade psíquica? Algo com uma verdade própria, com suas próprias regras, princípios e algoritmos? Ou seria apenas uma realidade ou mundo simulado (como cópia de algo) com seus códigos abertos, carentes de qualquer tipo de enigma?

Importante esclarecer aqui que estou utilizando o conceito de realidade virtual como um ambiente virtual onde o "eu" possa estar imerso, funcionando dessa forma como um lugar, por exemplo, de pura fruição de prazer (numa espécie de solipsismo), ou então como um local que traga nele algo correspondente aos regulamentos da vida, como o que acontece num jogo.

Alguns dos traços desta nova realidade podem se avizinhar ou harmonizar com aquilo que está contido no mundo psíquico. Sua fugacidade e ausência de consistência é de tal forma semelhante ao que existe no espaço psíquico, que pode chegar a ser perturbador nos aproximarmos dessa consciência, dado a matéria ilusória que ambas realidades podem conter.

Embora existam possíveis semelhanças entre o mundo virtual, o psíquico e o concreto, poderíamos partir de outro ponto para cercar os limites e potenciais desse mundo virtual e incrementar nossa investigação. Um deles poderia ser o caso de que na realidade virtual a facilidade em se criar um falso *self* é muito maior. No mundo virtual não há impeditivos para isso, tal como acontece no dia a dia do mundo concreto, onde nossas falhas, medos, defesas e inibições se anunciam com um grau de atividade sem dúvida muito mais intenso.

Poderíamos usar aqui o modelo de "falso *self*" de Winnicott.[29] Mas não vou utilizá-lo, pois esse falso *self* surge de forma inconsciente em um sujeito para dar conta de uma realidade, fornecendo-lhe assim uma potência – ainda que artificial – de funcionar no mundo real.

O que estamos tratando aqui é de uma dinâmica de um self falso (ainda que haja um falso *self* por trás dos *selfs* falsos), produzido de forma consciente – e o fato de ser consciente aqui é importante –, como uma mentira bem estruturada. Uma mentira até por vezes consistente, mas que em sua arte de ludibriar enseja um resultado delirante. Trata-se da criação de um *self* falso por um sujeito, e que assim faz criar uma "realidade". Já na dinâmica do falso *self* de Winnicott, o que se impõe é uma falsidade em relação ao verdadeiro desejo do sujeito ou em relação ao seu verdadeiro *self* – o verdadeiro *self* que está escondido sob as vestes do falso *self*.

O *self* falso então seria uma espécie de avatar.

O avatar, no campo da realidade virtual e videogames, é definido como um cibercorpo digital que serve às identificações dos cibernautas e *gamers*, transportando-os dessa forma diretamente para dentro do mundo simulado do ciberespaço. Trata-se no caso de "máscaras" consentidas, e conscientemente incorporadas para representá-los no mundo virtual.

---

29 "A respeito do 'falso *self*' vemos que ele é a principal reação do bebê às falhas de adaptação da mãe. O bebê renuncia à esperança de ver suas necessidades satisfeitas e vai adaptando-se aos cuidados que não lhe convêm. É aí que ele passa a adotar um modo de ser falso e artificial. Com isso, o indivíduo experimenta sentimentos de irrealidade e vacuidade a respeito de si mesmo, dos outros e da vida, e pode se comportar como um ser que se, não se adapta, mas se funde ao ambiente passando a reagir especularmente (como espelho, reflexo)". NASIO, J. D. *Introdução às obras de Freud, Ferenczi, Groddeck, Klein, Winnicott, Dolto, Lacan.* Tradução de Vera Ribeiro. Jorge Zahar Ed., 1995, p. 194.

São personagens que, assim como personagens de filme ou da literatura, parecem existir muito mais (e mais intensamente) que pessoas ditas reais. Como já ouvimos em algum lugar: "Há seres de imaginação mais reais que seres de carne e osso".[30]

Que tipo de realidade é então criada quando o mundo simulado é compartilhado? Ou quando o delírio é compartilhado? Ainda sim tratar-se-ia de uma realidade?

São questões difíceis e intrincadas, pois podemos tratar delas usando diferentes tipos de critério e premissas. E devemos levar em conta também que ninguém está completamente fora ou dentro da realidade. E que nunca faltou a nós a competência de adesão ou adesividade à mentira.

Existem algumas possibilidades de reflexões acerca desses problemas, para diferenciar a natureza da realidade virtual dentro desse eixo de realidades. Uma é ver que no caso do delírio ou alucinação seus conteúdos estão completamente dissociados da realidade externa, mas que ainda sim fariam parte de uma realidade psíquica. São produtos da mente.

A mentira, ainda que seja uma ficção sistematizada e com aparência de verdade, representando algo que não existe, mesmo assim traria a fantasia[31] como um de seus componentes (*fantasia* aqui no sentido

---

30 No livro *Uma memória do futuro I – O Sonho*, W. Bion afirma: "Sustento, ao lado de Kant, que a coisa-em-si é incognoscível. Falstaff, um artefato conhecido, é mais 'real', nas formulações verbais de Shakespeare, do que incontáveis milhões de pessoas que são opacas, invisíveis, desvitalizadas, irreais, em cu¬jos nascimentos e mortes — e, que pena! até mesmo casamentos – somos obrigados a acreditar, já que sua existência é certificada e garantida por uma certidão oficial. Já em outro discurso dentro de *Memória do Futuro*, Bion afirma, através da fala do personagem Watson – que se dirige ao também personagem 'Bion': "Desculpe-me, senhor, mas devo admitir que jamais ouvi falar de sua existência. Não quero ferir seus sentimentos, nem tampouco parecer que estou me gabando, mas ainda que o Mycroft sempre tenha tido um pendor à privacidade, Sherlock e eu, em menor escala, temos seguidores por todo o mundo. O senhor mesmo esteve admitindo que há personagens imaginários que são infinitamente mais conhecidos do que incontáveis gerações de identidades. Agora, desculpe-me. Sou um homem muito ocupado – permita-me sugerir-lhe que vá para aquele divã e durma sem fazer barulho."

31 Segundo Laplanche e Pontalis, 'fantasia' é o roteiro imaginário em que o sujeito está presente e que representa, de modo mais ou menos deformado pelos processos defensivos, a realização de um desejo e, em última análise, de um desejo inconsciente. Além disso, em termos teóricos, fantasia é o representante psíquico da pulsão que, por sua vez, é o representante do instinto, estando a pulsão entre o somático instintual e o psíquico.

psicanalítico – como representação psíquica de uma pulsão, fazendo a ligação com um desejo inconsciente.) Então poderíamos como analistas buscar no campo da mentira aquilo que é da ordem da *fantasia*. O que ali tem de fantasia? Quais são elas? Como se ligam ao real do sujeito? Ao real de seu desejo?

Poderíamos então fazer o seguinte esquema (que se encontra ilustrado numa fórmula visual muito simplificada a seguir), no qual a realidade virtual poderia compor parte da realidade psíquica, dela fazendo parte, já que traz aspectos da fantasia do sujeito (a fantasia com seus conteúdos compõe parte da realidade psíquica), mas com partes suas que não integram a realidade psíquica como um todo, fazendo parte de um mundo não humano, composto de mecanismos robóticos ou de inteligência artificial. E dentro da realidade psíquica existem aspectos absolutamente avessos (impossíveis) de serem mimetizados por uma inteligência artificial ou por uma realidade virtual. Aspectos e traços que marcam o humano de forma singular. E nem precisamos ir muito longe para exemplificar essa singularidade: nossas capacidades de compreensão, consciência, emoção, sentimentos, entre outras. Não podemos desconsiderar a experiência emocional quando falamos em realidade psíquica.

Mas e o 'nós-dentro-da-realidade-virtual', ou o 'ser-dentro-da-realidade-virtual'? O que seriam? De que modo esse ente estaria inserido nesse modelo? O ser de realidade psíquica dentro da realidade virtual faria/faz parte da realidade virtual. Na verdade, o ser-de-realidade-psíquica promoveria a realidade virtual ao status de realidade, ou de lugar que faz parte da realidade. Isto é, só existe realidade virtual na medida em que o ser se insere nela. Na medida em que ele se deixa atravessar por ela. Conforme este ser a cria e mantém.

Lembrando que o ser humano não pode ser encarado como sendo humano sem a presença de ferramentas (tecnologias). Seu próprio ser-no-mundo se confunde com a "existência" das ferramentas, utensílios, instrumentos e máquinas. Para existir no mundo da forma que o ser humano é, do modo como ele emprega suas atividades, realiza seus trabalhos, se alimenta etc. – desde os seres antepassados mais primitivos aos indígenas–, ele sempre teve e tem que obter o auxílio desse tipo de recurso para viver, sobreviver e criar cultura – tudo muito específico ao que lhe é característico. O próprio corpo do homem é o ponto de partida para toda técnica. Além das técnicas criadas e aprimoradas pelo ser humano, advindas de sua relação com aquilo que vem a ser conhecido como tecnologia, existe as "técnicas do corpo". Marcel Mauss, por exemplo, postulava e propunha um conjunto de técnicas do corpo, sendo o corpo "o primeiro instrumento do homem, e ainda, o primeiro objeto e meio técnico do homem".[32]

Levando em conta essas observações, outra possibilidade para tentarmos pensar esta situação complexa da realidade virtual & realidade psíquica é a seguinte: se usarmos como ponto de referência aquilo que pode ser considerado como uma *satisfação real* para um indivíduo, veríamos que esta real satisfação se diferenciaria de um logro de realização. Tal como o caso do delírio consentido socialmente.

Mais uma vez repetimos aqui: aquilo que alimenta a mente é a verdade.

Sabe-se que nos primeiros momentos de vida de um ser humano, entre uma mamada e outra, o bebê faz uso da alucinação do seio, que o permite tolerar a ausência momentânea do seio real. Trata-se de um processo comum e saudável do ser humano – desde que o seio real reapareça. Há então a criação de uma ilusão de satisfação, no qual muitas vezes pode ser até mais prazerosa – e nesse sentido mais "satisfatória" – que o alimento real. Quando o seio e o leite real surgem, a satisfação produzida geralmente não está em consonância com aquilo que é esperado virtualmente. Não está de acordo com a expectativa da fantasia, desejo e impulsos do sujeito. Vemos isso o tempo todo em nossas vidas. A incompatibilidade daquilo que esperamos com aquilo que recebemos ou realizamos.

Quando o bebê busca o seio ele não busca somente nutrição. Mais que isso, tão ou mais importante são as sensações de conforto, unidade

---

32 HAIBARA, Alice & SANTOS, Valéria Oliveira. 2016. "As técnicas do corpo". In: Enciclopédia de Antropologia. São Paulo: Universidade de São Paulo, Departamento de Antropologia. Disponível em: https://ea.fflch.usp.br/obra/tecnicas-do-corpo

com a mãe, e deleite, entre outros. É algo que traz organização psíquica para o pequeno lactente.

Se o bebê ficasse somente com a ilusão maravilhosa de satisfação e contentamento com o seio alucinado ele estaria morto, pois a mentira, repetidamente produzida, não alimenta, não nutre.

Usando essa analogia, poderíamos pensar que uma falsa realidade muito bem construída poderia nos conduzir (tal como a descrita alucinação do seio pelo bebê) a uma satisfação semelhante àquela *mais verdadeira* ancorada no *mundo real externo*. Mas até quando? Trata-se, nesse caso, de uma satisfação que não pode ser perpetuada. Somente assim o seria, com o custo de uma morte psíquica.

Apesar de uma determinada realidade virtual aparentemente existir por si mesma, ela está ancorada na realidade externa. Sem esta, ela deixa de existir.

No fundo, o que tento descrever aqui de uma outra forma nada mais é que a velha fórmula freudiana, segundo a qual as pulsões de conservação de um indivíduo andam *pari passu* com as pulsões sexuais (ligadas ao prazer). A pulsão sexual pode apoiar a pulsão de autoconservação, e a de autoconservação pode apoiar a sexual.

O princípio de prazer pode apoiar o de realidade, assim como o de realidade regula o acesso ao prazer.

Então, o que é a realidade?

Cabe-nos talvez humildemente apenas pensar a natureza desse impasse. Poderíamos então, para isso, nos servir de um significante disposto um pouco mais acima: *a mentira consistente e repetidamente produzida*. Imaginamos aqui uma realidade virtual na qual pudéssemos estar completamente inseridos e imersos.

Esse tipo de ilusão assim reiterada se constituiria como um processo que nos levaria ao fim da realidade. Afinal, a realidade entendida aqui estaria estruturada na própria capacidade da vida se manter vida, da vida se manter viva. Numa realidade virtual, que em tese pudesse substituir na maior parte do tempo nossa realidade concreta e precária, todo tipo de satisfação ficaria dela dependente – da realidade virtual. Nesse contexto, a própria vida chegaria ao fim. Dessa forma, poderíamos até relacionar o *self* falso ao terreno das alucinações.

Diante da produção contínua e ad infinitum do falso e da mentira (que até certo ponto pode satisfazer de maneira alucinatória a mente), mediada pelo mundo virtual, a realidade torna-se apenas uma representação dela mesma. A vida que se torna paródia da própria vida.[33] Pois já vivemos num mundo onde o mais importante é o que se representa, o que se encena. A vida como pastiche da vida. O mais importante na contemporaneidade parece ser a atuação, a performance, o exibir-se, e não a verdade.

Levada aos seus extremos, a realidade virtual conduziria essa sociedade do espetáculo aos estertores do fenômeno do *representado* que se torna e se mostra superior ao *concreto*. Registro aqui as palavras de Bruno Simões, doutor em filosofia, que, citando Guy Debord e o espetáculo ao qual ele aponta, diz que o falso se torna o momento final das etapas do verdadeiro. E que "a necessidade social não encontra satisfação senão pelo que é virtualmente mediado".[34] Um falseamento que poderia ser uma expressão imaginária com a finalidade de disfarçar a realidade do verdadeiro desejo e da dinâmica pulsional de uma pessoa, tamponando assim aquilo que seria o *autêntico* dessa pessoa.

Realizar-se somente no e através do virtual pode ser visto e encarado também como uma expansão da falta de necessidade do timbre e da chancela do outro. Uma espécie de autoerotismo. Precisaria assim de alguma forma da legitimação de outros? Até quanto ou desde quando isso realmente é necessário? O *Grande Outro* de Lacan não é a demonstração daquilo que sempre será uma ilusão? A crença num Outro que verdadeiramente não existe? Que crença seria esta de um, ou em um Outro que estipula a legitimidade de quão real estão as realizações de nossas fantasias? Um Outro, que seria o aferidor do que é ou não é realidade...

Apesar disso, o lugar mais ou menos seguro onde talvez possamos chegar através desse tipo de intelecção seria nos referir à ideia de realidade virtual como fazendo parte de realizações humanas mais frágeis e voláteis do que a já frágil realização comum que está em concordância com o mundo externo.

Mas ainda, ao mesmo tempo poderíamos elencar a realidade virtual estando em um espaço localizado entre a realidade psíquica e a material/externa. Mais precisamente, entre aquilo que é sonho (muito

---

33 Não Olhe Para A Morte, Ame A Matrix' – Uma pequena reflexão e paralelo entre os filmes "Não Olhe Para Cima" & "Matrix Resurrections" – de Caio Garrido (http://psicanalisedemocracia.com.br/2022/01/nao-olhe-para-a-morte-ame-a-matrix-uma-pequena-reflexao-e-paralelo-entre-os-filmes-nao-olhe-para-cima-e-matrix-resurrections-por-caio/)

34 SIMOES, Bruno. Curtindo a dor dos outros. *Revista serrote*, 2014, p.173.

menos denso), e aquilo que é a realidade externa (mais densa). O nível de densidade da realidade virtual estaria numa faixa sensível entre o sonho e a realidade material. Estaria próximo ao que chamaríamos de sonho lúcido, onde ali poderíamos hipoteticamente modificar a "realidade" do próprio sonho, embora existam nessa realidade regras e leis próprias que não podem ser quebradas, tendo que levá-las em conta para organizar a modificação da natureza dessa realidade.

Aqui, uma questão que podemos deixar em relação a isso: Nessa dimensão, o nível de permissão para um maior espaço de manobra ou livre-arbítrio seria então muito mais abrangente?

Nos casos dos jogos de videogame onde o virtual faz toda a diferença, com jogadores de vários lugares se entrecruzando em suas experiências online em tempo real, as leis ali arbitradas existem para aqueles que se submetem ao jogo e suas regras, e impõem um novo modo de acesso a um real de satisfação e realização de desejo, que pode aparecer só depois de superados determinados obstáculos e barreiras (tal qual a realidade material impõe ao desejo).

Voltando à questão da ilusão, podemos deslocar nosso olhar em direção ao que algumas filosofias de pensamento espiritual, como o budismo, tratam como realidade da vida e do mundo – naturalmente como uma imensa e bem construída ilusão. Tudo seria ilusão para eles. Seguindo essa lógica, a realidade virtual não seria nada mais que um novo e especial grau dessa mesma realidade ilusória. Talvez mais sofisticada até. Mas com seu aspecto ilusório mais propício a ser desvelado.

Portanto, a realidade virtual poderia ser identificada comportando o aspecto de simulacro, com pés no real, e contendo em seu interior a realidade psíquica (fantasias). Com as respectivas realização e satisfação concernentes a essa realidade, existindo e ocorrendo de forma mais sutil e menos densa que a que aparece e se realiza no mundo material e levemente mais densa do que a que acontece no sonho.

O que faz perguntarmos a nós mesmos: o que pode nos ser mais enganador? O sonho, a realidade material, ou a realidade virtual?

Inteligência artificial & realidade psíquica

Os pesquisadores que vêm desenvolvendo novas formas de inteligência artificial já estão buscando se apoderar e utilizar de processos semelhantes aos que em tese acontecem na mente humana, em como se dá o processo de pensamento. Uma das teorias vigentes tratam do pensamento fractal. Um exemplo de pesquisador do gênero é Keith McGregor, que investiga inteligência artificial, raciocínio visual, representações fractais e sistemas cognitivos.

Se considerarmos o exemplo acima, uma inteligência artificial assim criada teria a capacidade de equiparar realidade virtual com algo da realidade psíquica; a realidade virtual imitaria parte do funcionamento psíquico.

O médico e psicanalista Paulo Sandler, em seu livro *A apreensão da realidade psíquica*, afirma que os matemáticos que propõem a existência de uma inteligência artificial não estão interessados em explicar como a mente humana funciona; tentam, na verdade, desenvolver modelos que imitem (funcionem como) a mente humana. Diz ainda que "os defensores da inteligência artificial entendem o ser humano como alguém determinado, com causas que por exemplo se localizam na questão do prazer-dor. Eles não chegaram ao princípio da realidade. O determinismo do princípio prazer/desprazer e do princípio da realidade é um determinismo de funções; o da Inteligência Artificial, um determinismo de causas".[35]

Feitas estas considerações, podemos observar a partir de outros ângulos essas questões. Uma possibilidade é a de que simplesmente a realidade de nosso psiquismo é a de se utilizar de elementos que estão à disposição na "natureza" (*pensamentos sem pensador*), prontos a para serem descobertos, pensados e desenvolvidos por outros, e para outros *continentes* que os possam conter – podemos pensar aqui no modelo continente-conteúdo de Bion que, influenciado por Melanie Klein, usa esta relação para pensar um modelo entre a mente e seus pensamentos.

Em uma visão conservadora, outra forma de enxergar essa situação seria a de que as máquinas dotadas de inteligência artificial que estariam ao nosso dispor não passariam de máquinas *mais aperfeiçoadas*.

Como diz Sandler em seu livro, por exemplo, quando questiona até que ponto aparelhos criados e instruídos para se autorregularem podem chegar a sentir realmente dor ou desprazer. Segundo ele, a "inteligência artificial" ainda não ultrapassou os limites das respostas sensoriais reflexas, "inteligências" estas produzidas, que procuram se assemelhar a respostas sensoriais humanas, e não "sê-las" de verdade, quando por exemplo essas máquinas são orientadas a "interpretar" alguma informação como equivalendo a "dor" e outras como "prazer".

---

35 SANDLER, P.C. *A Apreensão da realidade psíquica*. Vol I. Imago, 1997.

O fato é que o ser humano, mímico de si mesmo, com sua capacidade símia de imitar, já carrega uma espécie de pensamento ou inteligência "artificial": pensam como humanos, falam como humanos, mas não chegam a ser humanos. Nesse sentido, poderíamos julgar grande parte de nossa espécie de forma muito mais parecida a máquinas do que propriamente como humanos, já que para isso precisaríamos usar nossa capacidade de *pensar* e não a de imitar. Voltando a citar o modelo de Donald Winnicott: muitas vezes não passamos de falsos *selfs*.

O ser humano continuamente desejou que máquinas pudessem ajudá-lo nas atividades e tarefas do dia a dia, otimizando seu tempo. Com o incremento da tecnologia no nosso cotidiano atual, o que presenciamos é algo radicalmente diferente: uma dependência cada vez maior das máquinas, sejam elas quais forem. E, paradoxalmente, uma redução drástica do nosso tempo útil. Temos mais tecnologia a nosso dispor, e menos espaço e tempo ainda para usufruir da desejada vida a ser vivida.

Se caso a inteligência artificial fosse usada como constituinte de aprimoramento de relações e vínculos a favor do conhecimento (K – Vínculo do Conhecer – Knowledge – para Bion), a importância dela aumentaria em número e grau. Já o uso perverso dessa e outras tecnologias só nos levam aos mesmos becos sem saída do humano em que sempre estivemos. Não só a esses becos, mas a buracos sem fundo ou volta. Para Stephen Hawking, o laureado físico britânico, o desenvolvimento da inteligência artificial poderia representar o fim da raça humana.

Em que pé estaria então o princípio da realidade virtual, se pensássemos essa histérica história humana num nível psicanalítico? Um passo à frente? Uma regressão ao infantil? Segundo o psicanalista Erich Fromm:

> A história humana começa com a 'queda' de Adão. A harmonia original, pré-individualista, entre o homem e a natureza e entre o homem e a mulher, foi substituída pelo conflito e pela luta. O homem sofre com esta perda de unidade. Fica solitário e separado de outros homens e da natureza. Seu anseio mais apaixonado é voltar ao mundo de união, que era seu antes da 'desobediência'. Seu desejo é abrir mão da razão, consciência pessoal, escolha, responsabilidade, e voltar ao ventre da Mãe Terra, às trevas onde a luz da consciência e do conhecimento ainda não brilha. Quer escapar de sua liberdade recém-conseguida e perder a consciência mesma que o torna humano.[36]

---

36 FROMM, Erich. *O espírito de liberdade*. Zahar, 1967.

O que Fromm sinaliza, apoiando-se no Mito do Pecado Original, para as questões que estamos colocando, é decisivo, no ponto que toca nossa capacidade sempre disponível a regredir.

É interessante pensar que uma inteligência artificial realmente inteligente, a ponto de se assemelhar aos homens ou ultrapassá-los naquele ponto que designa o encontro entre o pensamento e a ação (o verdadeiro pensar como prelúdio à ação – aquilo que leva a ação – que é tido como *verdadeiro* pensamento – o *"Eureka!"*), seria uma máquina suficientemente arguta e sensata para chegar à conclusão de que ela mesma abrigaria a potência de se perceber como possível responsável por nos aniquilar. Uma máquina ou tecnologia assim seria capaz de compreender que o melhor meio de evitar isso seria destruir a ela mesma e não os seres humanos. A não ser que ela notasse o quanto somos prejudiciais a um sistema maior que é a natureza como um todo. Ou até em outro plano, nocivos ao universo.

Além do princípio de prazer, ou do princípio de realidade, estaria o de realidade virtual, onde tudo seria possível, inclusive nossa autodestruição. Woody Allen nos dá um grande alento quando em seu filme *O dorminhoco,* o personagem diz: "A Ciência é um beco sem saída".

IX – REDES SOCIAIS, O FUTURO DE
UMA ILUSÃO & CIVILIZAÇÃO

As criações humanas são facilmente destruídas, e a ciência e a tecnologia, que as construíram, também podem ser utilizadas para sua aniquilação. Fica-se assim com a impressão de que a civilização é algo que foi imposto a uma maioria resistente por uma minoria que compreendeu como obter a posse dos meios de poder e coerção.

Sigmund Freud em O futuro de uma ilusão

Como se forma uma rede social? Quais seus mecanismos de controle?

Nada mais fundamental para os dias de hoje do que formularmos tais questões.

Antes de qualquer coisa, podemos pensar nos sentidos e significados que vem da palavra "rede". De origem etimológica do latim ("rēte"), a rede de sentidos que a palavra traz – além da de conexão –, é a ideia de teia, de laço, sedução, e, com isso, contornos de uma possível armadilha, cilada, engano, ardil.

Mas para pensar em como se constituem os mecanismos de uma rede social na web, poderíamos partir do ponto no qual se constitui uma civilização e cultura de um povo. Quais as possíveis correlações entre estes grupos humanos dentro e fora da rede mundial de computadores?

Apesar de não podermos equalizar civilização e rede social (uma espécie de microcosmo de uma civilização), podemos buscar analogias no processo de formação de uma civilização, para assim tentar compreender o funcionamento de uma rede social e como ela se forma, entendendo os aspectos dos poderes que ali operam, a relação entre esses poderes, e que tipo de regulação pode existir nessa sociedade virtual.

Em uma de suas obras seminais, *O futuro de uma ilusão*, Freud versa sobre aquilo que seriam as bases de uma civilização, de como se dá o processo civilizatório:

- Civilização humana para ele seria a "expressão que significa tudo aquilo em que a vida humana se elevou acima de sua condição animal".

- Abrange também "todo o conhecimento e capacidade que o homem adquiriu com o fim de controlar as forças da natureza e extrair riqueza desta para a satisfação das necessidades humanas".

- Inclui-se nela "todos os regulamentos necessários para ajustar as relações dos homens uns com os outros e, especialmente, a distribuição da riqueza disponível".[37]

É evidente que esse conceito de civilização de Freud mereceria algumas considerações e ampliações, como no caso da relação do homem com a natureza – relação esta que hoje está mais predatória que nunca. E para um avanço civilizatório, para realmente nos denominarmos minimamente civilizados, necessitaríamos de muitos ajustes nessa relação.

Mas vamos nos concentrar no terceiro item da definição freudiana, para a consecução de nosso objetivo: a regulação das relações.

Podemos partir do princípio de que toda sociedade precisa de mecanismos de regulação e manutenção para existir. Criar regras, leis, e comportamentos minimamente esperados. Segundo Freud, a civilização assim se ergue a partir da necessária coerção e renúncia aos instintos. Então, contraditória e paradoxalmente, a civilização por um lado seria necessária para levar-nos à satisfação instintual de forma controlada, e, por outro, ela mesma seria o obstáculo que não nos deixa chegar à satisfação. Trata-se do chamado "mal-estar da civilização".

Nesse contexto, algumas instituições acabam assumindo o lugar de regulação/manutenção da sociedade: Igreja, Estado, mercado financeiro...

Se pegarmos a religião, por exemplo, podemos conjecturar que um certo autoajuste da sociedade acaba criando naturalmente os mecanismos da religião. Os homens, como animais coletivos que são, para se conservarem, precisam de instituições que os ajudem na tarefa constante de extrair o melhor de cada um dos indivíduos da sociedade. As religiões assim criadas (tomemos como exemplo a religião católica, por meio da Igreja) tornam-se parte de uma dessas estranhas espécies de instituições de legisladores do comportamento alheio. A partir daí, todo tipo de distorção e perversão no uso desses poderes convertem-se em instrumentos de proibições, enriquecimento favorável a determi-

---

37 FREUD, S. *O futuro de uma ilusão*. Edição Standard Brasileira das Obras Completas de Sigmund Freud, vol. XXI. Rio de Janeiro: Imago, 1996 [1927b].

nados grupos, culminando assim na deterioração do estágio de desenvolvimento de determinada sociedade, e da qualidade de civilização que supostamente deveria zelar. O "Estado" também se organiza da mesma forma.

É provável que as pessoas que normalmente assumem cargos de poder dentro desses tipos de instituições (na maioria das vezes e principalmente em setores de governo) são aquelas que podemos caracterizar como perversos, psicopatas e sociopatas. Além de criarem as regras de "manutenção" de uma sociedade particular, são estes os aptos a extrair dessa posição amplas possibilidades de subverter as mesmas regras que criaram.

Como poderíamos pensar isso então no campo das redes sociais na internet?

Quando olhamos para uma rede social como o Facebook ou o Instagram, salta aos olhos um campo infinito de possibilidades para as pessoas se relacionarem, trocarem informações, e compartilhar detalhes de suas vidas particulares. À primeira vista, não passa na cabeça de alguém que olha esse grande organismo de relações através do virtual como sendo um lugar potencialmente traiçoeiro. Aparentemente é um campo de atuação que premia aqueles que possam melhor se servir desse meio. Na aparência, a *autorregulação* seria o principal mecanismo para o seu bom funcionamento.

Este seria o *conteúdo manifesto*[38] da rede. Para "olhos" treinados, ou utilizando um pouco de pesquisa, leitura, e ciência, o conteúdo oculto do que acontece nas redes fica transparente.

Cada um dos componentes que participam da rede tem suas próprias necessidades e objetivos ao usá-la, cada qual com seus ideais de certo, de belo, do que é uma boa civilização, cultura, justiça, do que

---

38 Segundo o *Vocabulário de psicanálise* de Laplanche e Pontalis, conteúdo manifesto designa o sonho antes de ser submetido à investigação analítica, tal como aparece ao 'sonhante' que o relata. Por extensão, fala-se do conteúdo manifesto de qualquer produção verbalizada – desde a fantasia até a obra literária – que se pretende interpretar segundo o método analítico. Aqui, podemos utilizar tal conceito para designar o conteúdo mais literal do que aparece em nossa vida e realidade – aquilo que envolve a aparência do que a realidade concreta traz. Em contrapartida, *conteúdo latente* designa um conjunto de significações a que chega a análise de uma produção do inconsciente, particularmente do sonho. Uma vez decifrado, o sonho deixa de aparecer com uma narrativa em imagens para se tornar uma organização de pensamentos, um discurso, que exprime um ou vários desejos. Para nós aqui, teria o sentido dos significados ou verdades que estão ocultos por trás das aparências.

pode ser mais moral, mais ético, liberal, progressista, igualitário etc. Cada um com seus próprios "deuses" implícitos.

Então faz sentido aparecer um tal de 'Deus Mercado' que se apropria de mais esse lugar, para utilizá-lo a seu bel-prazer, disseminando informações falsas, distorcidas, manipuladoras, a fim de controlar – como sempre aconteceu na civilização humana – o destino de um grande conjunto de habitantes, em prol de um outro pequeno conjunto de grupos e pessoas poderosas; o que representa, evidentemente, uma ameaça à democracia.

Segundo o chanceler de Portugal, Augusto Santos Silva, as redes sociais e as novas mídias ampliam o raio de ação e de socialização de cada sujeito social. Mas essas redes "são especialmente vulneráveis às lógicas e práticas de manipulação por desinformação e tração moralista e emocional".[39] Afirma ainda que o populismo, aliado à desinformação (entre estas, as "fake news") nas redes sociais, são riscos funestos ainda muito ignorados. Não só para governos e disputas eleitorais, mas também para o campo acadêmico e para o jornalismo, todos pilares da democracia.

Sem a presença de um líder formal (tal como a ideia de estrutura do Facebook é "vendida"), algumas pessoas em posições estratégicas podem criar formas de manipular uma grande massa de participantes. Recursos financeiros junto a um marketing invisível continuam sendo uma força soberana e universal, a marca registrada de quem influencia um grande número de pessoas. Quem assume essas posições em uma rede social normalmente representa empresas, partidos políticos, conglomerados econômicos, entre outros. Em geral, representantes do poder público e privado. Ou seja, são representantes de um poder instituído há muito tempo. Bem antes da própria existência da internet e das redes sociais.

Como em todo jogo que tem regras, aqueles que as subvertem ou que jogam com suas próprias regras são os que dão as cartas. A cada jogada, o jogo muda e sua estrutura também. Esse grande jogo, no mais das vezes, é invisível ao público geral. Trata-se de um poder disciplinar camuflado.

Numa espécie de "laboratório de poder", a rede social pode funcionar por meio de um controle silencioso e dominador que ganha assim

---

39 SILVA, Augusto Santos. Será que as redes sociais estão substituindo os intelectuais? *Folha de S. Paulo*, Ilustríssima, fev. 2018.

uma otimizada capacidade de influenciar os usuários inadvertidos (todos). Michel Foucault, grande filósofo do poder político, quando fala em panoptismo – o conceito de panóptico foi elaborado por Jeremy Bentham, como um mecanismo de controle de comportamento de prisioneiros –, ilumina bastante aquilo que estamos tentando elaborar aqui: a rede social funcionaria – às avessas da tão pregada e alardeada liberdade – como uma sutil prisão, onde mesmo aqueles que dizem não estar "funcionando" de acordo com as regras ali vigentes, que dizem não estar neste "grupo", estão ainda assim em referência a ela, à rede social. Diz Foucault:

> O Panóptico funciona como uma espécie de laboratório de poder. Graças a seus mecanismos de observação, ganha em eficácia e em capacidade de penetração no comportamento dos homens: um aumento de saber vem se implantar em todas as frentes do poder, descobrindo objetos que devem ser conhecidos em todas as superfícies onde este se exerça. [...] A máquina de ver é uma espécie de câmara escura em que se espionam os indivíduos; ela se torna um edifício transparente onde o exercício do poder é controlável pela sociedade inteira.[40]

Reverberando aquilo que ele diz, podemos afirmar que "a visibilidade é uma armadilha".

Não são esses os mecanismos de manutenção perversa de um estado de "civilização"? Cada um controlando o seu vizinho? As ações e comportamentos sendo constantemente vigiados por todos? Um controle de valores, repressões e autocensuras sendo mantido e gerido por todos? As redes sociais não elevaram essa situação à enésima potência nos dias atuais, com alguns de seus componentes representando grupos específicos, que censuram a atividade de outros, denunciando, hostilizando, compartilhando mentiras bem calculadas?

Na China, o governo está já testando um Sistema de Crédito Social para avaliar a confiabilidade de seus 1,3 bilhão de cidadãos através de um grande sistema "Big Data" de coleta de dados. Com o objetivo de criar, medir e melhorar uma cultura de "confiança" e "sinceridade" em seu país, esse sistema tem como base a pontuação de classificação de comportamento, no qual aquilo que cada cidadão pensa, faz e publica se torna objeto de contínuo escrutínio governamental. Como exemplo, pessoas com baixa classificação terão velocidades de internet mais lentas, acesso restrito a restaurantes e a remoção do direito de viajar.

---

40 FOUCAULT, Michel. *Vigiar e Punir: nascimento da prisão*. Trad. Raquel Ramalhete. Petrópolis: Vozes, 2014.

Algumas coisas já estão em andamento, com suas respectivas consequências para seus cidadãos. Alguns exemplos de

> comportamento que algumas cidades listaram oficialmente como fatores negativos de classificações de crédito incluem tocar música alta ou comer em metrôs e trens violar as regras de trânsito, como atravessar fora da faixa de pedestres e violar o sinal vermelho; [...] e em junho de 2019, de acordo com a Comissão Nacional de Desenvolvimento e Reforma da China, 27 milhões de passagens aéreas, bem como 6 milhões de passagens de trens de alta velocidade, foram negadas a pessoas consideradas 'não confiáveis'.[41]

A redes sociais já estão muito próximas a essa estrutura de controle e vigilância, que é realizada de forma mais sutil que a descrita no exemplo acima da China, coletando todo tipo de dados e informações de seus usuários. Interessante observar também que essa busca incontida por confiabilidade é a marca registrada de uma das principais finalidades do que é uma civilização: a necessidade de ajuste nas relações entre os indivíduos que pertencem a determinada sociedade. Só que essa demanda por um pacto ou acomodamento civilizatório a qualquer custo toca naquilo que deveria ser um direito fundamental: o da liberdade individual.

Os governos têm medo. Procuram se cercar de todos os dispositivos para que seu poder e a estrutura desse poder não sejam objeto de confronto. Sabem que o tecido social, costurado com muito labor, pode ser rompido se não houver uma vigilância contínua. Esse não é um modo de civilização natural. Devido a essa estrutura de poder ser corroída a qualquer tempo, dessa confiança ser rompida, há uma necessidade constante de inserir "confiança" à força ou por mecanismos já há muito tempo configurados social e culturalmente. Como é o caso de algumas religiões, com suas relações historicamente comprovadas com a política. O que elas fazem? O papel delas é enxertar *confiança* em determinado meio. Enxertar a *fé* (aqui quase como sinônimo de confiança). É um ciclo vicioso que faz a nossa sociedade humana em geral ainda estar longe de um real e natural processo civilizatório.

---

41 Fontes:

* https://www.wikiwand.com/pt/Sistema_de_cr%C3%A9dito_social

*West, Jack Karsten and Darrell M. (18 de junho de 2018). «China's social credit system spreads to more daily transactions». Brookings (em inglês). Consultado em 13 de novembro de 2019

* 2682万人次因失信被限制乘机. XinhuaNet (em chinês). Consultado em 10 de novembro de 2019

De onde vem essa falta de fé? Essa falta de confiança? Um bom exemplo disso é quando uma mãe ou um pai não confia em seu filho. Esse pai ou essa mãe "castra", tem medo, quer controlar a vida do filho e suas decisões. O que faz não confiar? Muito provavelmente as falhas e a falta de confiança que a mãe/pai desta mãe ou pai teve em relação a ela. Não pôde viver e se expressar natural e espontaneamente.

Indo de volta às instituições que nos governam de maneira geral, o que a economia, ou a Bolsa no mercado financeiro e suas respectivas ações vendem ou querem nos vender? Elas vivem e sobrevivem nada mais nada menos de vender-nos confiança.

Revisitando Foucault:[42]

> O exercício da disciplina supõe um dispositivo que obrigue pelo jogo do olhar: um aparelho onde as técnicas que permitem ver induzam a efeitos de poder, e onde, em troca, os meios de coerção tornem claramente visíveis aqueles sobre quem se aplicam. Lentamente, no decorrer da Época Clássica, são construídos esses 'observatórios' da multiplicidade humana para as quais a história das ciências guardou tão poucos elogios. Ao lado da grande tecnologia dos óculos, das lentes, dos feixes luminosos, unida à fundação da física e da cosmologia novas, houve as pequenas técnicas das vigilâncias múltiplas e entrecruzadas, dos olhares que devem ver sem ser vistos; uma arte obscura da luz e do visível preparou em surdina um saber novo sobre o homem, através de técnicas para sujeitá-lo e processos para utilizá-lo. [...] É o aparelho inteiro que produz 'poder' e distribui os indivíduos nesse campo permanente e contínuo. O que permite ao poder disciplinar ser absolutamente indiscreto, pois está em toda parte e sempre alerta, pois em princípio não deixa nenhuma parte às escuras e controla continuamente os mesmos que estão encarregados de controlar; e absolutamente 'discreto', pois funciona permanentemente e em grande parte em silêncio.

Parece que Foucault está se dirigindo diretamente a nós, neste tempo atual, descrevendo a rede social como ninguém antes fizera.

Portanto, poderíamos dizer que, aparentemente, a estrutura de uma rede social teria como fundamento básico um fundamento anárquico (fundada na negação de uma estrutura primeira de poder e controle). Mas adentrando às diversas camadas componentes, o que se vê é um fino ajuste que determina o controle das massas de forma muito mais sutil que uma ordem diretora vinda de cima.

---

42 FOUCAULT, Michel. *Vigiar e Punir: nascimento da prisão*. Trad. Raquel Ramalhete. Petrópolis: Vozes, 2014. pgs. 168-174

O que se vê é, portanto, uma fantasia compartilhada pelos usuários, na qual se imaginam num mundo de liberdade e de infindas possibilidades. As redes sociais acabam resultando então num lugar não confiável para que as pessoas possam alcançar algum lugar real de liberdade, de possível subjetivação.

Sabe-se, por exemplo, que a rede social Facebook nasceu com o ideal de ser um lugar de cooperação, o mesmo ideal de uma boa civilização. Seria esse o ideal de não romper com o equilíbrio entre os homens – o mesmo equilíbrio que as ondas na água do mar apresentam, pois "sabem" sua exata extensão em relação à terra.

O horizonte de uma civilização tem a ver com tudo aquilo que pode ser universal, sendo que este *universal*, quando tende a ser homogeneizado, uniformizado, pode cair num esquema totalitário, fugindo assim completamente de seu ideal, e se aprofundando na exclusão, na tirania, e no controle. Freud combateu (também em seu *O futuro de uma ilusão*) tudo aquilo que sustenta esse horizonte, pois acreditava que esse "universal" é algo falso e enganador. Cada indivíduo é único e singular. Ele não acreditava no princípio *"ama teu próximo como a ti mesmo"*. Via essa exigência de sociedade civilizada com um sentimento de estranheza e surpresa. Baseando-nos nas considerações de Freud e na experiência histórica, as religiões são tentativas de buscar esse universal a qualquer custo no horizonte. No entanto, rapidamente se transformam em juízes de nossos desejos e comportamentos.

A rede social Facebook, que traz em sua missão corporativa manifesta a ideologia da cooperação e aliança, de criar comunidades e aproximar o mundo, erra em cheio o alvo, ao dividir, fragmentar, possibilitar o desequilíbrio do jogo político – permitindo meios injustos para isso –, além de ampliar os efeitos nocivos da globalização. Trata-se de um contrato social baseado numa tecnologia que controla e dita nossos desejos. Assim como fazem as religiões.

O que Freud viu foi a natureza da ilusão envolvida nisso tudo. Mostrou o quanto o ser humano, na verdade, abriga em si aspectos egoístas, cruéis, primitivos, agressivos e hostis, e que o ideal de civilização não corresponde à realidade.

Mas voltando a ilustrar a capacidade que a tecnologia tem de nos envolver, podemos nos amparar e buscar referências em narrativas de filmes e livros atuais. Lançado em 2016, o filme *Nerve* trata dos extremos ao qual a tecnologia pode nos levar. Segundo a sinopse do filme:

a personagem principal é uma garota comum, prestes a sair do ensino médio e sonhando em ir para a faculdade. Após uma discussão com sua até então melhor amiga, ela resolve provar que tem atitude e decide se inscrever no Nerve, um jogo online onde as pessoas precisam executar tarefas ordenadas pelos próprios participantes. O Nerve é dividido entre observadores e jogadores, sendo que os primeiros decidem as tarefas a serem realizadas e os demais as executam (ou não).

O enredo da trama coloca em evidência os binômios risco/adrenalina x tédio, *watcher* /observador x *player*/jogador. Devemos deixar a vida passar pela gente como um teatro, ou fazer parte dela? A competição narrada no filme joga com essa sedução de forma desapiedada.

A perspectiva de arriscar seduz e muito. É a possibilidade de exercer sua coragem, de ser um sujeito valente e por isso à prova.

Mas isso poderia ser também uma fuga pelo virtual. Para não encarar a coragem necessária ao risco da aposta no que seria o mundo real.

No filme, o jogo virtual ao qual o *jogador* se impõe traz algumas tarefas ou desafios a serem cumpridos numa determinada meta de tempo. Se o jogador parar determinado desafio ou for derrotado nesse mesmo desafio parcial, perde tudo o que ganhou antes (um dos ganhos é em dinheiro que vai sendo depositado na conta do jogador de forma automática a cada vitória.). Se dedurar algum jogador ou expor algo sobre o certame e sua natureza para pessoas fora do contexto, torna-se sumariamente prisioneiro do jogo. O jogo traz como precondição o aceite de que é uma competição absolutamente confidencial entre os participantes.

Daí, todo um conjunto de chantagens vem à tona e torna mais difícil a vida de alguns dos principais personagens (os que são os *players*). Sobre os *observadores*, eles são os cúmplices da perversão.

Então, quando alguém se torna prisioneiro da competição, o próprio jogo – algumas pessoas que o controlam de maneira anônima e detém o algoritmo deste – toma o controle de sua vida. Sérias ameaças sobre ela e sua família começam a acontecer. Nesse caso, o "barato" ou gozo seria o de controlar e obter prazeres nas sombras de seu *avatar*.

A mesma massa que tem o controle e os mecanismos para poder alterar as regras do combate só não manteria o controle se de alguma forma pudesse ser desmascarada, isto é, na medida em que cada um dos indivíduos presentes na massa anônima pode ser identificado. Então, quando se segue a história e ao final, a perversão vai se tornando cada vez mais extremada. Só não chega ao extremo do crime, pois em sua conclusão, aqueles que controlavam o jogo acabam por perder seu anonimato.

O paradoxo mostrado no filme é que a mesma tecnologia que fez dos anônimos o grito gutural de toda a estupidez humana, também propiciou a oportunidade de revelar a identidade dessas mesmas pessoas. Isto é, dentro dessa tecnologia de várias camadas, *anonimato e falta de privacidade são faces da mesma moeda.*

X – CONCLUSÕES?

Não o homem como rei da criação, mas antes como aquele que é tocado pela vida profunda de todas as formas ou de todos os gêneros, que é o encarregado das estrelas e até dos animais, que não para de ligar uma máquina-órgão a uma máquina-energia, uma árvore no seu corpo, um seio na boca, o sol no seu cu: o eterno encarregado das máquinas do universo.

Gilles Deleuze e Félix Guattari, O anti-Édipo.

O hoje é apenas um furo no futuro
Por onde o passado começa a jorrar
E eu aqui isolado onde nada é perdoado
Vi o fim chamando o princípio pra
poderem se encontrar

Raul Seixas

Agora talvez estejamos entrando naquele tempo futurístico outrora apresentado nos filmes de ficção científica de décadas passadas. Mas não é exatamente *aquele*. É um mundo dividido, crescentemente desigual, onde existirão cada vez mais partições entre os que terão acesso e os que não terão acesso às altas tecnologias e realidades virtuais, criando assim um novo tipo de *homo sacer*, um novo tipo de massa de excluídos.

O ideal de um mundo sem fronteiras (através da tecnologia) não se realiza aqui (apesar da internet realizar parcialmente isso em alguma medida). A psicanálise começou pela hipnose, mas teve tempo suficiente pra perceber que não era esse o caminho. A hipnose de certa forma rompia com determinadas fronteiras, mas essa parcial e temporária abertura não se cristalizava na manutenção de um sucesso terapêutico.

Isso também acontece com o advento da tecnologia. Ela não só não resolve os problemas fundamentais da existência e da natureza humana, como, ao tentar forçar os limites e tentar derrubar todo tipo de fronteira, acaba criando os demônios aos quais ela busca em vão destruir.

Um exemplo de resultado negativo a partir da ampliação da tecnologia é evidenciado no caso de busca de aprimoramento humano através de modificações na estrutura biológica, por meio de alteração de DNA, ou combinando partes orgânicas e inorgânicas, conectando diretamente cérebros e computadores, criando assim elites que literalmente poderiam se tornar superiores aos demais: mais saudáveis, mais inteligentes e com vidas mais longas.

Yuval Noah Harari, professor de história na Universidade Hebraica de Jerusalém, alerta para essas possibilidades futuras. Se avançarmos somente 30 anos no tempo, a partir do advento e desenvolvimento dos veículos autônomos (tecnologia já disponível), por exemplo, já podemos entrever mudanças visíveis. Segundo Harari, que cita o mercado de transporte, certamente uma corporação irá controlar o algoritmo que comandará tal mercado. Isto é, para ele, "todo o poder econômico e político previamente compartilhado por milhares agora estaria nas mãos de uma única corporação".

Além disso, ainda falando sobre a existência de uma possível elite superior a outra "classe" de seres humanos, Harari diz que a humanidade

> está preocupada demais com uma possível guerra entre robôs e humanos, quando na realidade devemos temer um conflito entre uma pequena elite de super-humanos com poderes ampliados por algoritmos e uma vasta subclasse de Homo sapiens sem nenhum poder. Quando se pensa no futuro da inteligência artificial, Karl Marx ainda é um guia melhor que Steven Spielberg.[43]

Não é questão de *se* a tecnologia vai assumir o controle de tudo. Já fizemos essa escolha; terceirizamos o controle para as máquinas, no que se refere ao que vai ser nossa dimensão humana no futuro, já que somos "devidamente" controlados pela máquina mortífera do capitalismo. Uma máquina erotizada, antidemocrática e assassina. Que acaba se refletindo no caráter alienante a que grande parte das pessoas é induzida pelo poder do capital (lembrando que o capitalismo, com sua respectiva capacidade autodestrutiva, foi pensado e teorizado por diversos autores, que comparam essa capacidade com o conceito de pulsão de morte de Freud.)

O poder alienante das máquinas tecnológicas já é mais do que visível. Reduz a autonomia de uma forma massificada. Como diz o filósofo

---

43 Disponível em: https://paginacinco.blogosfera.uol.com.br/2018/08/31/super-humanos-x-inuteis-as-previsoes-mais-assustadoras-de-yuval-harari/?cmpid=copiaecola. Acesso em 5 fev.2022.

francês Frédéric Gros: "Como é que tocamos a vida assim, responsáveis e obedientes, perante a degradação do planeta, a concentração da riqueza, o sufocamento da democracia, o poder tirânico dos algoritmos?"[44] Isso não é pouco. Para ficarmos somente no poder alucinante que se empreende a partir dos algoritmos, que é o capital de inteligência tecnológica, os efeitos nocivos disso vão até o que já acontece nos dias de hoje: manipulação de comportamentos, práticas, ações e pensamentos. Isso atesta o quanto estamos de livre e boa vontade abrindo mão de nossa potencialidade de subjetivação e liberdade.

O filósofo sul coreano Byung-Chul Han é preciso quando fala sobre o uso do Big Data – ato de coletar e armazenar grandes quantidades de informações para empresas analisarem e assim tomarem decisões melhores e ações estratégicas de negócio. Ele diz:

> Os macrodados tornam supérfluo o pensamento porque se tudo é quantificável, tudo é igual… Estamos em pleno dataísmo: o homem não é mais soberano de si mesmo, mas resultado de uma operação algorítmica que o domina sem que ele perceba; vemos isso na China com a concessão de vistos segundo os dados geridos pelo Estado ou na técnica do reconhecimento facial. Não podemos nos recusar a fornecê-los: uma serra também pode cortar cabeças… É preciso ajustar o sistema: o e-book foi feito para que eu o leia, não para que eu seja lido através de algoritmos… Ou será que o algoritmo agora fará o homem? Nos Estados Unidos vimos a influência do Facebook nas eleições… Precisamos de uma carta digital que recupere a dignidade humana e pensar em uma renda básica para as profissões que serão devoradas pelas novas tecnologias".[45]

Evidentemente, ao dizer que as máquinas assumirão o controle, não é preciso dizer efetivamente que máquinas, robôs, ou algo semelhante sairá andando por aí e controlando o mundo e a nós mesmos. O que é importante expressar é que já delegamos às máquinas ações e cognições que antes eram nossas. E tal como palavra falada que não volta à boca, a busca incansável por progresso tecnológico traz poderosos efeitos sobre a vida cotidiana de grande parte da população mundial. Este veículo chamado *tecnologia*, tal qual visto no capítulo "Os impactos da alta tecnologia", no sistema de mundo e sociedade em que hoje vivemos, parece não poder mais ser freado. Se algo não tem freio, quais

---

44 Disponível em: https://www.quatrocincoum.com.br/br/resenhas/filosofia/enfant-terrible. Acesso em: 5 fev. 2022.

45 GELI, C; Byung-Chul Han: Hoje o indivíduo se explora e acredita que isso é realização. El País. Disponível em: https://brasil.elpais.com/brasil/2018/02/07/cultura/1517989873_086219/. Acesso em: 6 fev. 2022.

seriam então seus limites naturais? Eles existem? A ética e a legalidade em torno de questões ligadas à tecnologia e ao ser humano certamente será uma das coisas que mais serão objeto de pauta na discussão pública – quando ela é permitida e incentivada.

O sinal crítico de nossos tempos é que parecemos não mais saber distinguir os limites de cada coisa. No que tange ao aspecto imersivo que a tecnologia e as realidades virtuais mais arrojadas do futuro próximo apontam (como o *metaverso*), podemos apenas assinalar que não estamos ainda imersos em nossas vidas. Estamos longe de existirmos totalmente encarnados. Segundo Ailton Krenak, líder indígena, ambientalista, e um dos mais influentes pensadores da atualidade, "temos que parar de nos desenvolver e começar a nos envolver".[46]

Não é Deus que está morto. Nunca esteve. É o homem. Se *o homem está morto*, se ele corre o perigo de perder de vista os problemas reais da existência humana e de não se interessar pelas soluções, e ainda mais, de se transformar em mero apêndice de máquinas – como tão bem colocou Erich Fromm há décadas atrás –, são questões que não parecem ser parte aparentar, no curtíssimo prazo, a grande porção de técnicas e ferramentas que a tecnologia oferece e deixa ao nosso dispor acaba obscurecendo a descomunal massa de potência catastrófica em muitíssimos campos.

É óbvio que a tecnologia traz inúmeros benefícios práticos que grassam no nosso dia a dia. E tais benesses estão a todo tempo passando despercebidas, de tantas que são e por englobar, abranger e se misturar a grande parte de nossas 'ferramentas' e tarefas diárias.

Graças a essa relação dúbia com a tecnologia, que avança numa velocidade incompatível com nossa capacidade de decodificar as informações, digeri-las e aprender com as experiências, é provocado em nós uma luta interna desesperada para acompanhar aquilo que é indomável; uma luta para conter as forças vetoriais das intensidades galopantes da vida em nossa sociedade, que no patamar que estão, dificilmente poderão novamente ser controladas. Nós criamos nossos próprios monstros.

Se pensarmos em controle, nada nos mantêm mais aferrados a um destino trágico do que aquilo que já está presente em nosso mundo interno, em nossa realidade psíquica. Isso remonta ao que Freud e a psicanálise vêm tratando há mais de cem anos: o inconsciente como mo-

---

46 KRENAK, Ailton. *A vida não é útil*. Companhia das Letras. 2020. p. 24.

delo daquilo que domina a psique humana, determinando assim nosso arbítrio e ações na vida. Segundo Elisabeth Roudinesco, psicanalista e historiadora, Freud extraía de alguns mitos a temática do herói condenado pelo destino a engendrar incessantemente a própria desdita.

De acordo com outro psicanalista, David Azoubel Neto, os mitos têm uma condição real, atuante e atual no inconsciente, e o sentido deles refere-se a uma necessidade de repetição (compulsão a repetição). Muitos autores têm a mesma percepção sobre o que significam os mitos. David, citando alguns deles, diz do mito como uma espécie de documento da história humana, expresso numa linguagem primitiva ("linguagem primordial") (Bachofen), e também como um "lugar" de expressão de imagens que formulam aquilo que é chamado de arquétipo (Jung), que é uma forma herdada, um padrão hereditário de comportamento, um código inato. Portanto, para David e tantos outros autores da psicanálise e fora dela, os mitos teriam correspondência total com o que existe na mente humana. Todos esses grandes pensadores perceberam a significativa participação dos mitos nos mecanismos do funcionamento mental.

Podemos passear então por diversos mitos que sobrepujam nossa realidade, nos antecipam e atravessam-nos como rios subterrâneos, pelas profundezas de nosso inconsciente: O mito edípico, do Éden, da Torre de Babel, entre outros. Todos eles têm elementos em comum. Todos eles contêm invariantes que anunciam mitos de origem do humano; que trazem algo da universalidade da experiência humana.

Para Joseph Campbell, famoso estudioso de mitologia e religião comparada, "em todo o mundo e em diferentes épocas da história humana, esses arquétipos, ou ideias elementares, apareceram sob diferentes roupagens; as diferenças nas roupagens decorrem do ambiente e das condições históricas".[47]

O que ele afirma acima é sobre a similaridade dos mitos. Tais similaridades podem ser ilustradas através daquilo que surge na interpretação dos mitos de Édipo, Éden, Torre de Babel, e no mito de Ur, que podem ser usados aqui como exemplos no que concerne à busca de conhecimento, desejada e empreendida pelo homem. Para Bion, Édipo foi punido por sua curiosidade arrogante em conhecer a verdade proibida pelos deuses. Em Éden, o mesmo tipo de curiosidade arrogante pode ser observado, tal qual descrito no Gênesis (2:17), quando Deus

---

47 CAMPBELL, Joseph. *O poder do mito*. Org. por Betty Sue Flowers, ed. Palas Athena, 1990.

adverte Adão e Eva: "Porém da árvore da Ciência do Bem e do Mal não comerás, porque o dia que a comeres morrerás". A desobediência dos "filhos" em relação à proibição de saber é punida de forma implacável por Deus. Já em Ur, o primeiro esboço de civilização, aqueles que ousaram buscar a verdade e o conhecimento – os precursores do espírito científico – foram aqueles que também desafiaram os deuses, não chegando nem perto de se importar com tais divindades e suas reações, tendo a audácia de profanar a tumba sagrada, enfrentando assim as proibições e tabus. No Mito da Torre de Babel aparece outro exemplo, quando ao desejar chegar perto e conhecer a intimidade de Deus (céu, casa de Deus), o Homem é punido com uma destruição de suas capacidades de comunicação, através da confusão de línguas.

Freud se viu diante dessa infindável linguagem humana, fonte de todas as nossas desventuras, desencontros, desvios, incoerências, conflitos, contradições, mal-entendidos, concepções errôneas, *narcisismos de pequenas diferenças*, e através de sua ciência, arte e escuta, buscou desvendar nossos *buracos negros*, dando seus passos – mancos, é certo, como Édipo – em direção a iluminar um pouco a consciência do que são essas origens, do que é ser humano.

Atravessando um campo minado e ilimitado de conflitos internos e externos, Freud iniciou a jornada em direção àquilo que ele denominou como "romances familiares". Ou seja: percebeu ao longo do tempo o quanto nosso funcionamento mental é determinado pela intensidade de nossos primeiros vínculos familiares, principalmente pela relação entre mãe e filho (a). Posteriormente, outros grandes teóricos e clínicos da psicanálise se aprofundaram na questão da relação mãe-bebê, enxergando-a como fundamental para o desenvolvimento emocional e aquisição de saúde ou patologia mental.

Tudo o que conhecemos por humano vem dessa "tecnologia" biológica, resultado da evolução das espécies. Ora, um pai e uma mãe não podem ser virtuais. Nunca poderão ser.

Apesar dos muitos estudos e desenvolvimentos de placentas e úteros artificiais, e avanços em relação à "produção" de embriões por meio da fertilização *in vitro*, com técnicas avançadíssimas na escolha do material genético dos pais, criando aquilo que já é chamado pelo nome de "*designers babies*" (bebês projetados – uma espécie de ser humano melhorado através da escolha de embriões, fato que já acontece nos dias de hoje), ainda existe a necessidade de dois gametas humanos que não podem existir independentemente da existência de um pai e uma mãe.

Outra importante questão que envolve isso é que mesmo se pudéssemos produzir um bebê "humano" sem a existência dos pais, produzindo, a partir daí, uma célula, utilizando-se somente de alguma apuradíssima nova tecnologia molecular disponível, o que seria desse ser? Ou mesmo se olharmos para as novas gerações de filhos de hoje, o que será do futuro psíquico dessas crianças nascidas já cercadas pelo mundo virtual?

Segundo Jung, o homem moderno perdeu suas raízes. Isso ele disse há décadas. O que pensadores como ele e Freud diriam hoje?

Talvez nem precisemos dedicar nosso tempo a isso conjecturar, dadas as reflexões passadas deles. Freud, em *O mal-estar na cultura*, conjuga em uma formulação toda uma vida de aprendizado e busca de conhecimento:

> Parece-me que a questão decisiva da espécie humana é a de saber se, e em que medida, o seu desenvolvimento cultural será bem-sucedido em dominar o obstáculo à conveniência representado pelos impulsos humanos de agressão e de autoaniquilação. Quanto a isso, talvez precisamente a época atual mereça um interesse especial. Os seres humanos conseguiram levar tão longe a dominação das forças da natureza que seria fácil, com o auxílio delas, exterminarem-se mutuamente até o último homem. Eles sabem disso; daí uma boa parte de sua inquietação atual, de sua infelicidade, de sua disposição angustiada. E agora cabe esperar que o outro dos dois 'poderes celestes', o eterno Eros, faça um esforço para se impor na luta contra o seu adversário igualmente imortal. Mas quem pode prever o desfecho?[48]

Não é possível prever factualmente o desfecho. Mas pela violência interna e externa com a qual vivenciamos nossas vidas, ficamos em grave suspeita. Podemos expressar com tudo isso somente uma antipatia e lamento pelos acontecimentos correntes e suas consequentes projeções futuras?

Voltando a Édipo e sua obstinada (e arrogante) busca pela verdade, e assim nos permitindo aproximá-lo da busca incessante – e a qualquer preço – por conhecimento e tecnologia que os seres humanos presunçosamente empreendem, podemos dizer que essa estupidez e falta de visão (Édipo se condena e se cega) é a condição a que a grande maioria de nós está sujeito. A total perda de privacidade e liberdade é ainda apenas um dos menores preços que todos nós estamos pagando e iremos pagar. Resta saber quais outros custos estão por vir.

---

48 FREUD, Sigmund. *O mal-estar na cultura*. Tradução: Renato Zwick. L&PM, [1929] 2010.

Édipo se cega porque percebe que as aparências enganam; que as imagens exteriores não correspondem à realidade. Não quer mais ser ludibriado pela sedução do mundo. Descobre que é preciso olhar para dentro. Em busca de *insight*.

O choque de realidade com o qual Édipo se depara na tragédia, ao descobrir-se culpado pela morte de seu pai e por se casar com a própria mãe, pode ser semelhante ao que pode acontecer conosco num futuro próximo ou mais distante, representado por uma possível experiência de decadência última humana frente à hipertrofia do "desenvolvimento" tecnológico. Não é possível nenhuma convicção hoje de que teremos tempo suficiente para retomar a partir daí algum tipo de caminho.

Diante de tais circunstâncias, não é o "futuro de uma ilusão" freudiano que está em jogo, mas a ilusão de um futuro.

–

Narciso ficara no retrovisor. Zumbis tomam conta da estrada, e representam aquilo que vamos nos tornando: mortos-vivos, autômatos repetindo ações compulsivamente, incapazes de olhar um pouco além do próprio nariz, celular ou espelho, sem conseguir encontrar os rastros e reconstruir a história de suas próprias origens e tragédias.

Vamos então nos afastando de nós mesmos, e perdendo a conexão com o que há de mais essencial e sagrado de nossa natureza. Longe da vontade benigna, que realmente existe, de fazer de nosso cotidiano um *cotidiano épico* – busca representada de forma precária e inconsciente através do exemplo das incessantes e famigeradas *selfies*, e das narrativas autoficcionais de baixa qualidade –, numa mitologia mais rasteira, talvez seremos como os estimados cães que, perto da morte, deixam sua morada e vão morrer longe das vistas de seus queridos companheiros de vida. Somos os que morrerão, e para não sentir a dor, morreremos longe de nós mesmos, de nossas próprias vidas e vistas.

XI – CONSIDERAÇÕES FINAIS

Tenho a ti como exemplo a mim
por teu nume, esse nume teu, Édipo, sofredor: mortais jamais são felizes

– Sófocles: Édipo Tirano – tradução de Leonardo Antunes.

Para fazer as considerações finais a respeito da temática desenvolvida nesta parte do livro, é necessário recorrer a tópicos do conhecimento que dizem respeito à condição humana. O mito de Édipo é um deles.

Breno Battistin Sebastiani – professor de língua e literatura grega –, em prefácio à obra Édipo *Tirano,*[49] escreve que Édipo se torna moldura para a condição dos mortais, isto é, seu sofrimento e condição delimitam os fins de todas as ações humanas. Também Sócrates, segundo ele, de trajetória diametralmente oposta à figura ficcional de Édipo, fazia de si mesmo paradigma de compreensão do valor nulo da *sophía* humana.

O que é ser humano? O que significa a experiência de busca contínua de *saber*, que empreendemos dia a dia, seja ela de forma consciente ou inconsciente?

Essa experiência e história dizem respeito à condição de sofrimento que portamos e a nossa condição de mortais, sempre com um conhecimento parcial em mãos de quem somos. Empreendemos buscas por muitas e diversas vias na vã esperança de acelerar esse processo, que é o de compreender algo de nossas origens e destino.

Um trecho da frase citada de Sebastiani, acima, é significativo para nós: a condição de mortais "[delimita] os fins de todas as ações humanas". Ou seja, a radicalidade cada vez maior a que nós, humanos, nos impomos através das novas tecnologias e seus usos, teria como propulsor nossa própria condição mortal. Lançamo-nos como aves de rapina, com avidez e violência, em busca de variantes tecnológicas que satisfaçam nossa necessidade heroica e canibalística por progresso, ob-

---

49 SÓFOCLES. *Édipo tirano*. Tradução de Leonardo Antunes. Todavia, 2018.

jetos e novidade, reivindicando mais terreno de cultura e afastamento do terreno e da ideia da morte, utilizando a tecnologia como substituta da religião. O que seria uma tentativa distorcida e deslocada de transcendência.

Ernest Becker, renomado PhD em antropologia, autor da aclamada obra *A negação da morte*, alegava que a perspectiva da morte e o medo que ela inspira perseguem o animal humano, sendo que esta perspectiva é "uma das molas mestras da atividade humana – atividade destinada, em sua maior parte, a evitar a fatalidade da morte, a vencê-la mediante a negação de que ela seja o destino final do homem".[50]

Nesse sentido, a perspectiva de um homem-tecnológico, ou na associação com a robótica, se tornando uma espécie de *maquinossímio*[51], parece ao ser humano mais interessante e desejável do que o horizonte da morte.

Ainda segundo Becker, a natureza e ímpeto da atividade heroica humana tem na morte seu avesso. Para ele, uma das grandes redescobertas do pensamento moderno é que de "todas as coisas que movem o homem, uma das principais é o seu terror da morte". O heroísmo como um reflexo do terror da morte.

Parece também que buscamos, com o auxílio das diferentes tecnologias, obter acesso aos recônditos daquilo que ainda não conseguimos conhecer simplesmente através da ferramenta-mente humana. Verdade que as técnicas e tecnologias nos creditam a possibilidade de entrever nosso mundo e universo e suas leis, mas até que ponto?

Criou-se então uma espécie de pacto fáustico através da busca incessante de progresso técnico-tecnológico. A figura de Fausto, na obra de Goethe e outros, busca testar os limites (do humano e do conhecimento). Trata-se de um espírito que não pode se deter, até chegar aos estertores dos limites da condição humana.

A obra sobre Fausto trata do dilema do progresso técnico. Como nos diz, em comunicação oral, a escritora, professora e doutora em língua portuguesa Roberta Ferraz sobre Fausto: até que ponto o excesso, o ultrapassar limites, é um processo positivador?

-

---

50 BECKER, Ernest. *A negação da morte.* Rio de Janeiro: Nova Fronteira, 1976.

51 *Maquinossímio*: provido de meios para reprodução sexual e do trabalho, mas expropriado de sua capacidade de representar e se representar (termo concebido pelo colega e historiador Arnaldo Reis Pereira).

A relação do homem com a tecnologia e com a técnica data do início de seu desenvolvimento como *homo sapiens*. O uso de ferramentas remonta ao início da relação com seu meio, na busca de sobrevivência e evolução da espécie. Mas a descoberta, criação e uso das ferramentas, e o aprimoramento da técnica, não integra somente uma função para sobreviver e evoluir. Trata-se de marcas que caracterizam o humano em sua essência. O homem não só não conseguiria sobreviver sem ferramentas, por sua biologia e características corporais, assim como por seu psiquismo, como precisa incorporar e empregar tais meios externos para simplesmente funcionar como humano, dado o caráter das relações entre mente e corpo que possui. Portanto, a ferramenta como extensão do ser humano é algo constituinte de sua experiência e daquilo que o caracteriza.

Para o filósofo Umberto Galimberti,

> a técnica, comumente considerada uma 'ferramenta' à disposição do homem, tornou-se, hoje, o verdadeiro 'sujeito' da história; o homem executa o papel de 'funcionário' de seus equipamentos, cumpre aquelas ações descritas e prescritas no rol de 'tarefas' das ferramentas e coloca sua personalidade entre parênteses em favor da funcionalidade. Se, então, a técnica passou a ser o sujeito da história e o homem seu servo obediente, o humanismo pode ser dado por concluído, e as categorias humanísticas, que até agora nós adotamos para ler a história, se tornam insuficientes para interpretar a época iniciada com a era da técnica. De certo modo, a técnica pode ser considerada a própria essência do homem.[52]

Diz ele ainda: "O dia em que entre os antropoides se manifestou pela primeira vez um ato técnico, naquele dia nasceu o que hoje chamamos de 'homem'".

Para ir ainda um pouco além, ou melhor, voltar a um espaço-tempo anterior, podemos vislumbrar um outro aspecto de nossa tecnologia e técnica, como inseparáveis de nós, de nossa essência. O fato de carregarmos já em nosso corpo existente as "técnicas do corpo":

> Em As técnicas do corpo (1934), comunicação apresentada à Sociedade de Psicologia, o antropólogo francês Marcel Mauss (1872-1950) trata de um domínio até então nublado pela noção tradicional de tecnologia, entendida como instrumento envolvido no ato de manipulação. Às técnicas dos instrumentos, Mauss opõe um conjunto de técnicas do corpo, ao qual confere um papel preliminar: o corpo é o primeiro instrumento do ho-

---

52 GALIMBERT, Umberto. O ser humano na era da técnica. *Caderno IHUideias,* ano 13, n. 218, v. 13, 2015. Disponível em: <https://www.ihu.unisinos.br/images/stories/cadernos/ideias/218cadernosihuideias.pdf>, Acesso em 18 dez 2021.

mem, e ainda, o primeiro objeto e meio técnico do homem. Atribuindo à noção de técnica o que chama de ato tradicional eficaz, Mauss afirma não existir técnica nem transmissão se não houver tradição. Técnicas do corpo referem-se então aos modos pelos quais as pessoas sabem servir-se de seus corpos de maneira tradicional, o que varia de uma sociedade a outra. (HAIBARA, Alice & SANTOS, Valeria Oliveira, 2016)

Seria talvez desnecessário lembrar que aqui poderia entrar, por essa porta, a tecnologia ou técnica da Psicanálise como campo sempre incandescente das técnicas do corpo (mente).

Para Karl Marx, em seu "Fragmento sobre as Máquinas", "a natureza não produz máquinas, locomotivas, caminhos de ferro, telégrafos etc. Estes são produtos da indústria humana; materiais naturais transformados em órgãos da vontade humana sobre a natureza, ou da participação humana na natureza. Eles são órgãos do cérebro humano, criados pela mão humana; o poder do conhecimento objetivado".[53]

Nos tornamos então realmente meros apêndices de máquinas?

Se olharmos para o campo da técnica e tecnologias capitalistas, Marx dizia que "a tecnologia sequestra a capacidade total do trabalhador, a redução do tempo de trabalho pela produtividade é uma abstração murchada (...), faz do trabalhador um autômato dotado de vida. (...) O trabalhador tornou-se um componente vivo da oficina."

Ou seja, "a técnica capitalista longe de humanizar o indivíduo, o aliena de um modo redobrado", como afirma o professor Sérgio Moissen.[54]

Ora, a questão passa por essa antinomia *humanizar-se* versus *alienar-se*.

Por mais que a tecnologia faça parte de certa forma também da configuração ontológica da condição humana na Terra, em face a ela, o homem cria as condições para a ampliação de sua alienação fundamental em relação à vida e aos seus semelhantes, complicando sobremaneira as possibilidades de humanização e o encontro com o conhecimento e o autoconhecimento. Segundo o filósofo Walter Benjamin, a autoalienação da humanidade "atingiu tal grau que se lhe torna possível vivenciar a própria aniquilação como um deleite estético de primeira ordem".[55]

---

53 MARX, Karl. *Grundrisse*: manuscritos econômicos de 1857-1858. Esboços da crítica da economia política. São Paulo: Boitempo, 2011.

54 https://www.esquerdadiario.com.br/spip.php?page=gacetilla-articulo&id_article=21370

55 BENJAMIN, W. *A obra de arte na era de sua reprodutibilidade técnica*. Organização e apresentação M. Seligmann-Silva; trad. Gabriel Valladão Silva. L&PM, 2013, p. 93-94.

Aquilo que nos torna efetivamente humanos – nossa capacidade de pensar e criar – é o que em nosso descomedimento, em nossa *hybris*, faz com que nos percamos de nós mesmos. Obtemos e perdemos o fogo primordial.

Há uma relação sempre conflituosa entre seres humanos e deuses, presente nos mitos, tal como em Prometeu. Prometeu, o benfeitor, amigo dos homens, dá o fogo aos mortais, a virtude de previsão e "pre-cognição" dos deuses, com o qual eles podem transformar metais e produzir ferramentas, juntamente com a razão e o ensinamento das artes, marcando de certa forma o início da trajetória técnico-científica do homem.

Umberto Galimberti, citando a tragédia de Ésquilo, diz que num certo momento, o Coro pergunta a Prometeu quem é o mais forte, a técnica ou a natureza? Prometeu responde de forma emblemática ao Coro: "Téchne d'anánkes asthenestéra makró" ('a técnica é muito mais fraca que a necessidade'), pois ela vincula a natureza à imutabilidade e à regularidade das leis. E a tecnologia poderia alterar essa relação. Pelo fato de nos dias de hoje ela ser parte de algo que corrompe a natureza (dado a natureza não conseguir se recompor como antes, como era o seu natural), a harmonia fica fortemente desequilibrada.

Para humanizar-se é preciso encarar de frente nossos limites. Só assim poderíamos ser mais livres e verdadeiramente humanos,[56] e não pretendentes ao *divino* na Terra, agindo assim em conformidade com a natureza e suas leis. Para isso, se faz necessário abraçar a consciência de sua *consciência do limite*, abraçar a ignorância como forma de acolhimento de si. O limite desse abraço como forma de afirmação da vida.

---

56 "Mais humano" como uma forma de viver que valorize a vida e não o contrário.

O sujeito entrópico

Um ensaio sobre redes sociais, estrutura, reconhecimento e consumismo

Fábio C. Zuccolotto

*Para Malú, Wander e Aline, por
quase tudo que vale a vida.*

*Em memória do professor Octavio
Ianni, com quem, em poucas aulas,
aprendi tanto.*

Os homens nasceram em um mundo que contém muitas coisas, naturais e artificiais, vivas e mortas, transitórias e sempiternas. E o que há de comum entre elas é que *aparecem* e, portanto, são próprias para ser vistas, ouvidas, tocadas, provadas e cheiradas, para ser percebidas por criaturas sensíveis, dotadas de órgãos sensoriais apropriados. Nada poderia aparecer – a palavra "aparência" não faria sentido – se não existissem receptores de aparências: criaturas vivas capazes de conhecer, de reconhecer e de reagir – em imaginação ou desejo, aprovação ou reprovação, culpa ou prazer – não apenas ao que está aí, mas também ao que para elas aparece e que é destinado à sua percepção. Neste mundo em que chegamos e aparecemos vindos de lugar nenhum, e do qual desaparecemos em lugar nenhum, *Ser e Aparecer* coincidem. A matéria morta, natural e artificial, mutável e imutável, depende em seu ser, isto é, em sua qualidade de aparecer, da presença de criaturas vivas. Nada e ninguém existe neste mundo cujo próprio ser não pressuponha um espectador. Em outras palavras, nada do que é, à medida que aparece, existe no singular; tudo que é, é próprio para ser percebido por alguém. Não o Homem, mas os homens é que habitam este planeta. A pluralidade é a lei da Terra.

Hannah Arendt, em *A vida do espírito.*

INTRODUÇÃO

O cerne da presente discussão são as redes sociais virtuais. Por vivermos no contexto do seu advento e popularização, nos deparamos com as limitações inerentes às teorizações que buscam interpretar e expressar algo no calor da hora. Pintar um quadro com tintas quentes, nesse sentido, pode queimar a mão, a língua e a reputação. Incorremos em um enorme risco, ao inferirmos consequências de causas, de sermos desmentidos pelo tempo. Entretanto, aos que vierem depois de nós, podemos oferecer nas entrelinhas, no mínimo, o frescor de um testemunho. Certamente é uma tarefa árdua, e o risco, válido e necessário.

Dispensando o devido tributo ao legado de Max Weber, não deixa de ser pertinente ressaltar que todo objeto de estudo das ciências sociais é apenas um recorte, arbitrário e ínfimo, de um inesgotável oceano de relações, no qual estão imersos aqueles que se propõem a analisá-lo. A neutralidade axiológica é um mito do qual devemos tentar nos aproximar sem nos identificarmos, ainda que, nos dias de hoje, seja crescente a seita dos admiradores do Barão de Münchhausen;[1] aqueles que acreditam flutuar sobre as questões, carregando em si um distanciamento superior, ilusoriamente abastecidos de verdades absolutas. O aparente contrassenso é que essas novas deidades habitam um paraíso virtual onde não há calmaria, muito menos silêncio.

---

1 Karl Friedrich Hieronymus von Münchhausen foi um barão e militar que viveu no século XVIII. Seus relatos inspiraram R. E. Raspe a criar *As aventuras do Barão de Münchhausen*, uma série de narrativas fantásticas que se tornou popular na literatura infantil alemã. O sociólogo Michel Löwy vale-se de uma dessas aventuras para construir uma analogia crítica ao positivismo e a sua pretensa neutralidade axiológica. "O Barão de Münchhausen, ou este herói picaresco que consegue, através de um golpe genial, escapar ao pântano onde ele e o seu cavalo estavam sendo tragados, ao puxar a si próprio pelos cabelos... Os que pretendem ser sinceramente seres objetivos são simplesmente aqueles nos quais as pressuposições estão mais profundamente enraizadas. Para se liberar destes "preconceitos" é necessário, antes de tudo, reconhecê-los como tais: ora, a sua principal característica é que eles não são considerados como tais, mas como verdades evidentes. incontestáveis, indiscutíveis. Ou melhor, em geral eles não são sequer formulados, e permanecem implícitos, subjacentes à investigação científica, às vezes ocultos ao próprio pesquisador" (2000, p.32).

As referências à internet e às redes sociais virtuais estão por todos os lados: nas filas da padaria e do supermercado, nas escolas, nos pontos de ônibus, no almoço familiar e na conversa com os amigos. Quando não em palavras, tornam-se presentes em gestos mecanizados e olhos vidrados nas telas dos *smartphones*. Aparentemente, elas só não são mais recorrentes do que as citações nas próprias redes sociais.

Facebook talvez seja o nome de corporação mais dito na língua portuguesa na última década, além de ser um portal que ajudou a difundir uma nova miríade de estrangeirismos. O WhatsApp, devido à velocidade das coisas, dele próprio e, sobretudo, do brasileiro, virou 'zap'. *Tuite* e *blogue* foram incorporados ao dicionário, tamanha é a penetração social das palavras forjadas nas práticas e trocas no mundo virtual. O termo *avatar* teve a sua definição, relacionada às crenças hinduístas, complementada. Agora, ele também é compreendido por uma personagem em jogo on-line ou uma imagem que representa alguém em *uma rede social virtual*. On-line não merece maiores considerações, uma vez que o seu antônimo, aparentemente, foi sequestrado do léxico.

Inteligência artificial deixou de ser um tema do gênero de ficção científica e passou a ser pauta de reportagens em revistas e jornais cotidianos, de papel – ainda – ou silício. Algoritmos sofisticados dão a aceleração necessária aos grandes jogadores nos cassinos das bolsas de valores, entre vendas e compras instantâneas de ações e títulos mundo afora, conforme a menor oscilação e, claro, o interesse futuro. Volatilidade capital para lucros quase certos em transações de dígitos sustentados por códigos binários. Riqueza virtual e artificial, muito real nos impactos avassaladores sobre os recursos naturais e estruturas socioeconômicas.

Robôs, androides, clones, VR, armas inteligentes, drones. Impressoras 3D, *eSports*, transumanismo, internet das coisas, bioengenharia e *machine learning* são temas de conferências e encontros que angariam milhares de entusiastas e despertam o receio e o medo em muita gente. Enquanto isso, outros tantos, quiçá a maioria, passam ao largo das polêmicas, preocupados com questões mais palpáveis do cotidiano, sem identificarem as potencialidades dos desdobramentos de tantos dilemas éticos e existenciais.

Estamos, bilhões de nós, enredados por essas tecnologias. Mesmo aqueles tantos que somente usufruem dos prazeres oriundos do mundo off-line podem intuir que aquilo que os difere é mais uma síntese idealista de práticas superficiais, do que as implicações concretas de um princípio radical. Porque aquela escolha parece não ser mais possível no âmbito da cultura de massas. Quanto àqueles que sobrevivem às margens da sociedade de consumo devido à persistente miséria, apesar de todos os avanços, talvez sejam os mais afetados pelo curso em terra firme, orientados não mais por estrelas, mas por nuvens.

Nós de uma enorme *rede social*, cada vez mais atados à dominação burocrática e tecnicista, quase obrigados a aceitar os cálculos que pretendem satisfazer a sanha de compreender tudo através dos números no globalismo. Apesar de imprecisos, eles apontam para um aparente consenso de que atingimos recentemente marca de 60% da população mundial, ou seja, aproximadamente 4,6 bilhões de pessoas, com acesso à internet. Isso significa que cerca de 3,1 bilhões de pessoas não têm acesso à internet. Enquanto muitos se espantam com a quantidade dos conectados, outros tantos talvez nem vislumbrem que 40% do planeta ainda não está on-line, na linha.

No ano de 2022, caminhando no segundo quarto do século XXI, tentar minimizar os efeitos das tecnologias na vida de cada ser humano deste planeta soa como o último delírio possível. Porque, se há algo de novo no ar, é a possibilidade crescente de fantasiar. Em pontos mais agudos de determinados contextos, chegar a formas de delírios não mais marginalizados, mas aceitos e estimulados em configurações de grupos organizados e incorporados socialmente que alteraram o panorama geopolítico mundial.

A filosofia, as reflexões e os debates demandam um tempo que já não existe mais, diante da velocidade do desenvolvimento e da aplicação de todas essas facetas daquilo que, nesse ensaio, denominamos, simplesmente, *novas tecnologias*.

Ainda assim, não deixa de ser pertinente relembrarmos algumas noções enunciadas pelo conhecimento humano analógico, por assim dizer. Aquelas marcadas a lápis e tinta através da história e que podem andar ingenuamente silenciadas pelos fogos de artifício que anunciam uma nova Terra para uma nova humanidade.

Na tentativa de sintetizarmos minimamente o pulso do qual tentaremos extrair uma reflexão sobre as redes sociais virtuais, estabelecemos como recorte, para a ideia de *novas tecnologias*, toda e qualquer tecnologia derivada daquela principal, surgida durante a Guerra Fria. Ou seja, todas aquelas ramificadas e potencializadas pelo advento da rede mundial de computadores, a internet. Mais especificamente, a partir da sua massificação: período iniciado no final dos anos 1980 e começo dos anos 1990, estendendo-se até os dias de hoje.

Por serem distintas umas das outras quanto às funções e dinâmicas, assumimos as redes sociais virtuais como toda mídia social na internet, inclusos os comunicadores instantâneos como o WhatsApp e o Telegram, plataforma ou fórum de discussão que demande uma inscrição individual ou de um coletivo, por meio de um perfil. Nesse escopo, poderíamos abranger, ainda, grupos de e-mail e os campos de comentários em portais jornalísticos que demandam o cadastro de um assinante, ainda que sejam espaços que não são comumente associados à ideia de rede social virtual. Devemos admitir que, por mais que busquemos ampliar nossa abordagem, o Facebook foi a maior referência em nossa crítica devido a sua relevância. Ele possui, no momento da escrita deste ensaio, 2,9 bilhões de usuários ativos. Não podemos deixar de citar que o Instagram e o Youtube cresceram substancialmente no longo período que separou as primeiras das últimas linhas deste texto e se tornaram balizas fundamentais para a nossa compreensão.

Apesar de não propormos um mergulho profundo nos inúmeros debates que dão vida à antropologia, pretendemos, no primeiro capítulo, delinear dois conceitos amplos e fundamentais para este ensaio: estrutura e rede social. Ambos formarão o substrato necessário à formulação crítica nos capítulos posteriores.

1. ESTRUTURA E REDE SOCIAL

> Minha visão da ciência natural é que ela é a investigação sistemática da estrutura do universo como é revelada a nós através dos nossos sentidos. Existem certos ramos separados da ciência, cada um dos quais lida com uma certa classe ou tipo de estruturas, com o objetivo de descobrir as características de todas as estruturas daquele tipo. Assim, a física atômica lida com a estrutura dos átomos, a química com a estrutura das moléculas, a cristalografia e a química coloidal com a estrutura dos cristais e coloides, e a anatomia e a fisiologia com as estruturas dos organismos. Há, portanto, sugiro, lugar para um ramo da ciência natural que terá como tarefa a descoberta das características gerais das estruturas sociais das quais as unidades componentes são seres humanos.[2]

Aquilo que hoje compreendemos como um sinônimo do Facebook, Twitter, Instagram e WhatsApp, de fato, é uma ideia muito mais ampla, proveniente da antropologia social. A primeira noção daquilo que se chamaria *rede social* surgiu no livro *Estrutura e função na sociedade primitiva*,[3] de Alfred Reginald Radcliffe-Brown. Escreveu John Arundel Barnes, o antropólogo que compôs propriamente os termos e criou o conceito de *rede social* – retornaremos a sua definição em breve:

> Presumivelmente, era isto que Radcliffe-Brown tinha em mente quando em 1940 falava em estrutura social como sendo 'uma rede de relações que existem efetivamente'. Enquanto definição de estrutura social, essa afirmação é alvo de uma grande controvérsia que, entretanto, não nos diz respeito nesse contexto.[4]

Apesar de não nos interessar os pormenores da controvérsia supracitada por Barnes, faz-se necessária uma marcação superficial, mas importante para os argumentos que pretendemos apresentar adiante. A instigá-los, lançamos uma pergunta: quais relações existiam efetivamente em 1940 e quais são aquelas que existem efetivamente hoje?

1.1. A ESTRUTURA

Radcliffe-Brown é um enorme expoente de uma corrente antropológica que se formou na Inglaterra e é reconhecida como estrutural-fun-

---

2 RADCLIFFE-BROWN, A. R, 1940, p. 2, tradução nossa.

3 RADCLIFFE-BROWN, A. R. Estrutura e função na sociedade primitiva. Tradução de N. C. Caixeiro, Petrópolis: Vozes, 1973.

4 BARNES, J. A, 1987, p.164.

cionalismo. Ele, apesar de ser vinte e sete anos mais velho, influenciou e foi contemporâneo de Claude Lévi-Strauss, criador da chamada antropologia estrutural; uma metodologia que gerou um campo gravitacional tão grande que traria para a sua órbita toda uma geração francesa, multidisciplinar, que viria a ser cultuada décadas depois.

Ambos desenvolveram seus estudos após a revolução linguística promovida por Ferdinand de Saussure no início do século XX, quando este fincou a pedra fundamental daquilo que viria a ser nomeado após a sua morte e se transformaria em um novo paradigma filosófico: o estruturalismo. Entre as influências predominantes ao longo de suas obras, Lévi-Strauss manteve-se próximo das ideias saussurianas, daquelas de Roman Jakobson[5] e acolheu, ao seu modo, a psicanálise de Freud. Por sua vez, Radcliffe-Brown assimilou fundamentalmente as noções oriundas da sociologia de Émile Durkheim.

Na etnografia, o novo paradigma logo avançou sobre variações metodológicas, em esquemas interpretativos que versavam sobre o que seriam as estruturas sociais e como alcançá-las. Ainda que essa influência não seja explicitamente reconhecida em Radcliffe-Brown, é possível notá-la quando este contrapõe-se ao método descritivo da pesquisa de campo do seu colega Bronislaw Malinowski, expoente do funcionalismo e precursor da etnografia.[6]

O entendimento de que há uma estrutura social passível de ser apreendida pelo etnógrafo é uma premissa comum a Radcliffe-Brown e Lévi-Strauss, assim como as suas abordagens sincrônicas, isto é, que não levam em consideração o aspecto histórico – temporal – da etnia estudada. Essa busca prescinde do sujeito enquanto categoria analítica, na medida em que, antes, é a estrutura social que o enquadra em sua dinâmica. Poderíamos dizer que, nessa perspectiva, o objeto de estudo não é o sujeito, mas as relações entre os sujeitados.

Em outras palavras, cabia ao etnógrafo encontrar nas relações socioculturais os traços fundamentais de uma força subjacente e imutável que determinaria essas próprias relações. No estudo comparativo entre duas ou mais etnografias – a isso chama-se etnologia – se revelariam pontos e processos estruturais que, na infinita manifestação da plu-

---

5 Linguista russo que foi um dos responsáveis por difundir e expandir o pensamento de Saussurre.

6 Essa própria contraposição ajuda a distinguir o estrutural-funcionalismo do funcionalismo na antropologia inglesa, correntes muitas vezes confundidas.

ralidade humana, seriam universais. Assim, ambas as metodologias etnográficas concordavam que a abordagem sincrônica era o único caminho, uma vez que pouco importava o perspectivismo da temporalidade na busca por algo que, por ser estrutural, não mudaria conforme o lugar e o tempo.

As divergências entre eles referiam-se às questões metodológicas de como seria possível reconhecer a estrutura social. Lévi-Strauss valia-se de uma abordagem dedutiva na qual ela era abstraída em modelos da realidade – aproximando-se, assim, dos mitos e da teoria do inconsciente freudiano aplicada ao coletivo. Radcliffe-Brown lançava-se em uma abordagem indutiva, empírica, na qual a estrutura era aquela visível e concretizável na organização dos elementos da sociedade e na manifestação dos fatos sociais, cujas funções eram complementares em vista ao equilíbrio social.

Em suma, para Radcliffe-Brown a estrutura social era *como* se organizavam as relações dos elementos em uma totalidade social, atribuindo-lhes funções. Já para Lévi-Strauss, ela era o *motivo* daquela organização de trocas se dar de uma forma e não de outra.

Anos mais tarde, evidenciou-se que o etnocentrismo, pegada eterna na trilha antropológica, prosperava mais notadamente no estrutural-funcionalismo. A forte influência da sociologia durkheimiana, a mesma que estabelecera a analogia da sociedade como um organismo em equilíbrio, não deixava espaços às representações do indivíduo da etnia estudada.

Essa metodologia reduzia o campo possível do estudo do indivíduo-sujeito, enquanto agente transformador de si e do seu meio, posto que o cientificismo autorizava a categorizá-lo, como em um laboratório, em face da coesão social assumida *a priori*. O excessivo rigor positivista, visando à eliminação de tantas variáveis, entre elas o espaço e o tempo, acabava por aniquilar a imponderável variável humana, ao resumi-la a algumas funções.

Ademais, como fizera anteriormente Franz Boas, precursor da antropologia contemporânea, a abordagem do estrutural-funcionalismo era própria para contrapor as tendências difusionistas e evolucionistas que imperavam na antropologia do século XIX, porém, era insuficiente para a análise das ditas sociedades complexas. Se, por um lado, ela servia para dirimir o caráter darwinista que estabelecia graus distintos de evolução entre etnias, por outro, restringia-se completamente, devido aos seus métodos, ao estudo de sociedades primitivas, isoladas, distantes e "exóticas". Estas, por sua vez, se tornavam mais escassas com o desenvolvimento do capitalismo e o crescente intercâmbio sociocultural que caracteriza a globalização. Ao estrutural-funcionalismo implicava uma questão demolidora, nas palavras de Bela Feldman-Bianco:

> Ao salientarem que os costumes, as relações e as instituições sociais de sociedades específicas persistiam tão-somente devido às suas funções sociais, os etnógrafos das sociedades colonizadas descartaram a priori a análise de questões relacionadas à dominação e à exploração colonial. Privilegiando, ao invés, a análise do equilíbrio, da estabilidade e da coesão social e, dessa forma, atribuindo um papel desintegrador a quaisquer mudanças sociais, legitimaram e auxiliaram (mesmo que involuntariamente) a administração colonial no que se refere à sua política de controle nas colônias através da manutenção da ordem e do status quo.[7]

À antropologia estrutural podemos direcionar parte dessa crítica, sobretudo a de que ela seria insuficiente para a análise das sociedades complexas, inscrevendo-se nos estudos de sociedades isoladas; todavia, não lhe cabe esta última, a de que teria servido aos interesses colonialistas.

A formação prática, enquanto etnólogo, de Lévi-Strauss deu-se no Brasil, onde chegou em 1935, após ser convidado para integrar um grupo de docentes franceses que ajudaria a consolidar a Universidade de São Paulo. No país fez as suas primeiras pesquisas de campo, ao adentrar um território que deixara de ser colônia portuguesa há mais de um século. De fato, ele só formularia devidamente as bases de sua metodologia estruturalista após ter contato com Roman Jakobson nos EUA, em 1942. Ainda assim, manteve-se consideravelmente distante de quaisquer processos de atuação que engendrassem os interesses dominantes de uma metrópole em uma colônia. Foi essa dose de independência que fez com que criasse, certamente sem pretender, a sua própria corrente antropológica.

Além disso, outros fatores permitiram à antropologia estrutural estabelecer uma influência mais duradoura no meio acadêmico do que aquela do estrutural-funcionalismo. Ela vale-se de um cabedal heurístico mais sólido em sua defesa. Ao primar pelo método dedutivo, e não o indutivo, e pela inspiração na dicotomia saussuriana, ao estabelecer sua análise estrutural no trânsito simbólico entre pares de oposição, ela se abstém de uma comparação entre "essências culturais", ou, ainda, de uma valoração por parte do etnólogo que atribui funções referentes ao seu campo representacional.

---

7 FELDMAN-BIANCO, 1987, p. 18.

Ao lançar seu holofote sobre a forma, Lévi-Strauss sombreou o conteúdo, que deixou de ser entendido como manifesto e adquiriu a qualidade de latente. Ele trouxe à sua metodologia um caráter científico, mas não cientificista até a anular a subjetividade. Lévi-Strauss, na verdade, não se importava com o sujeito enquanto categoria analítica, mas não o resumia às funções de um organismo social coeso em equilíbrio.

Se ele pretendia mostrar "como os mitos se pensam nos homens, e à sua revelia" – reduzindo o indivíduo à condição de um significante habitado por um significado mitológico e extemporâneo –, ainda assim afirmava que "o exercício e o uso do pensamento mítico exigem que suas propriedades se mantenham ocultas". Ademais, concluía: a "análise mítica não tem, nem pode ter por objeto mostrar como os homens pensam".[8] Assim, por negação, acabou preservando o espaço necessário ao trânsito das representações coletivas das etnias estudadas a quem lê a sua obra:

> [...] é nas relações entre história e etnologia no sentido estrito que reside o debate. Propomo-nos a mostrar que a diferença fundamental entre elas não é nem de objeto, nem de objetivo, nem de método e que, tendo o mesmo objeto, que é a vida social, o mesmo objetivo, que é a melhor compreensão do homem, e um método em que varia apenas a dosagem dos procedimentos de pesquisa, elas se distinguem sobretudo pela escolha de perspectivas complementares. A história organiza seus dados em relação às expressões conscientes, e a etnologia, em relação às condições inconscientes da vida social.[9]

Certamente, menos por proposta e mais como consequência dessa proposta, ao aproximar-se do conceito do inconsciente freudiano, o franco-belga situou a sua metodologia em um *lócus* mais abstrato do paradigma estruturalista. Isso abriu um campo teórico importante, não racionalizável nos termos inequívocos do cientificismo, para a acomodação da fantasia, das representações e da equivocidade. Em um ponto de alteridade mais distante do imediato e responsivo olhar moral e etnocêntrico, porque mais próximo dos mitos.

Temos a impressão de que foi nessa mínima razão simbólica, a mitológica, que ele tocou as estruturas e pôde sentir o trânsito daquilo que é. E desse pulsar coletivo cognoscível que perfaz muitos seres, pôde comunicar lateralmente – certamente sem pretender ou desejar, afinal,

---

8 LÉVI-STRAUSS, 2004, p. 31.

9 Id., 2017, p. 31.

foi um crítico contumaz das noções metafísicas –, algo de profundamente humano, porque não estruturado. Essa impressão é uma das razões que nos movem na análise contida no presente ensaio.

O fato é que se a antropologia estrutural se tornaria hegemônica na França, críticas mais contumazes seriam tecidas em relação ao estrutural-funcionalismo e paulatinamente ganhariam força entre os alunos da escola inglesa.

Na década de 1950 surgiriam novas perguntas e respostas dispostas a darem conta das análises das sociedades complexas e daquelas até então chamadas "do terceiro mundo". Essas últimas, exóticas, distantes e fechadas, cada vez mais mostravam-se invadidas pelo autoproclamado "primeiro mundo", não somente por uma imposição econômica e militar, mas por consensos acadêmicos ultrapassados.

A partir da metade do século XX, intensificou-se o movimento que buscava dissolver a íntima relação entre a antropologia europeia e os projetos colonialistas que remontavam ao século XIX e ao início da própria disciplina enquanto tal. Entendia-se que essa relação havia sido superada com o surgimento da pesquisa de campo que relegou a antropologia de gabinete[10] ao ostracismo. Entretanto, no contexto posterior à Segunda Guerra Mundial, quando a Guerra Fria marchava a passos largos e a efervescência questionadora tornava-se imperativa à juventude, os novos etnógrafos notaram que, se os seus propósitos científicos não serviam explicitamente às intenções colonizadoras como outrora, havia ainda uma metodologia que, devido aos seus limites, servia aos interesses dominantes, sobretudo na África.

Esse grupo, influenciado pelas obras de Karl Marx e Max Weber, conformou-se na Escola de Manchester, passando da crítica – que jamais rompeu radicalmente com o estrutural-funcionalismo – à construção daquela que é reconhecida como a teoria da ação. Seu primeiro expoente foi Max Gluckman.[11]

Na tentativa de minimizar o olhar etnocêntrico do pesquisador, essa nova orientação propôs a inserção do sujeito na estrutura, por assim dizer. As funções e o ordenamento estrutural dos elementos sociais, que anteriormente determinavam os indivíduos, foram cedendo diante de um fortalecido sujeito histórico. A abordagem sincrônica aos pou-

---

10 Estudo sobre determinada etnia ou cultura sem vivenciá-la, a partir dos relatos de terceiros.

11 FELDMAN-BIANCO, op. cit, p. 7-38.

cos foi sendo abandonada por um método dedutivo que teorizava as estruturas, agora no plural, em função dos indivíduos, e não o contrário. É nesse contexto acadêmico inglês que J. A. Barnes começa a se destacar.

1.2. A REDE SOCIAL

Inspirado por uma passagem de Radcliffe-Brown, *uma rede de relações que existem efetivamente*, Barnes cunhou o conceito de *rede social* em uma comunicação de 1953, publicada em forma de artigo em 1954.[12] Ela tratava dos seus estudos de campo na comunidade norueguesa de Bremnes:

> Acho conveniente falar de um campo social desse tipo como uma rede. A imagem que tenho é um conjunto de pontos que são unidos por linhas. Os pontos da imagem são pessoas, ou às vezes grupos, e as linhas indicam quais pessoas interagem com as outras. Podemos, é claro, pensar no todo da vida social como geradora de uma rede desse tipo.[13]

Hoje em dia, essa representação apresenta-se facilmente, e se podemos realizá-la quase que instantaneamente é porque ela já soou complexa, como comprova a curiosa nota explicativa adicionada ao excerto acima, no texto original:

> Anteriormente usei o termo *web*, tirado do título do livro de M. Fortes, *The web of kinship*. Contudo, parece que muitas pessoas pensam em uma teia como algo parecido com uma teia de aranha, em duas dimensões, enquanto estou tentando formar uma imagem para um conceito multidimensional. É meramente uma generalização de uma convenção pictográfica a qual os genealogistas usaram durante séculos em seus gráficos de linhagem.[14]

Não deixa de ser irônico que, momentaneamente, a ideia de *rede social* chegou a ser cunhada anteriormente como *web*. Atualmente, ambas, apesar de distintas e em um contexto completamente diferente daquele pensado por Barnes, são quase sinônimos para muitos usuários da internet. Ele segue:

> [...] podemos notar que uma das principais diferenças formais entre sociedades simples, primitivas, rurais ou de pequena escala, contra as modernas, civilizadas, urbanas ou sociedades de massa é que, nas primeiras,

---

12 Barnes, J. A. *Class and committees in a norwegian island parish* Human *Relations*, v. 7, n. 1, 1954.

13 Ibid, p.43. Tradução nossa.

14 Ibid., nota do autor, p. 43. Tradução nossa, grifos do autor.

a malha da *rede social* é pequena, nas últimas é grande. Por malha quero dizer simplesmente a distância ao redor de um buraco na rede. Na sociedade moderna, acho que podemos dizer que em geral as pessoas não têm tantos amigos em comum quanto em sociedades de menor escala. Quando duas pessoas se encontram pela primeira vez, é raro para elas, em sociedades modernas, descobrir que elas têm um grande número de amigos em comum e, quando isso acontece, é considerado algo excepcional e memorável. Em sociedades de pequena escala, acho que isso acontece com mais frequência, e estranhos às vezes descobrem que têm parentes em comum. Em termos da nossa analogia de rede, na sociedade primitiva muitos dos caminhos possíveis afastando-se de qualquer A leva de volta a A depois de algumas ligações; na sociedade moderna, uma proporção menor leva de volta a A. Em outras palavras, suponha que A interage com B e que B interage com C. Então, em uma sociedade primitiva, as chances são altas de que C interaja com A, em uma sociedade moderna, as chances são menores.[15]

Desse trecho basilar das ciências humanas, diretamente do século XX para o século XXI, podemos apreender um aspecto fundamental da introdução da noção de *rede social*: ela era uma nova ferramenta capaz de resolver problemas até ali não solucionáveis.

Por exemplo, encontrar um vínculo entre dois indivíduos – dois grupos ou, ainda, um indivíduo e um grupo – de uma determinada sociedade independentemente da relação direta observável entre ambos. Ao pertencerem à mesma *rede social* haveria, invariavelmente, uma distância entre eles passível de ser medida e mapeada em um caminho de relações. O recorte desejado ou necessário influenciaria tanto na configuração da rede quanto nos seus nós – seus indivíduos e/ou grupos. Exatamente por isso, essa concepção passou a ser, não apenas a solucionadora de questões específicas, mas a caixa de ferramentas que, em sua polivalência, seria capaz de abordar questões que nem haviam sido formuladas até então.

Não podemos perder de vista que, no bojo da teoria da ação, está um novo aparato metodológico, não apenas crítico à abordagem promovida pelo estrutural-funcionalismo junto às ditas sociedades primitivas, mas que, fundamentalmente, almejava analisar as sociedades complexas. Estas últimas, como partes de um todo, formando um conjunto de sociedades que influenciavam umas às outras em um permanente intercâmbio sociocultural e econômico, formando cadeias de relações que extrapolavam os territórios geográficos de cada uma. Dos fluxos

---

15 Ibid. p. 44. Tradução e grifos nossos.

de migração ao fluxo de capitais, do dinamismo das trocas simbólicas aos embates identitários, o que o novo conceito permitia era dar conta de análises qualitativas e quantitativas de maneira robusta – e nessa capacidade a influência da sociologia weberiana se revelava fortemente.

Max Weber compreendia a realidade como uma malha infinita de relações, a qual é impossível de ser apreendida racionalmente em sua totalidade. Em busca de uma verdade objetiva e universalmente válida, a meta do sociólogo seria "a compreensão interpretativa da ação social de maneira a obter uma explicação de suas causas, de seu curso e dos seus efeitos. Por 'ação' se designará toda a conduta humana, cujos sujeitos vinculem a essa ação um sentido subjetivo".[16] Para isso, ele formalizou uma série de conceitos que situaram sua metodologia na nebulosa zona epistemológica entre o indivíduo e a sociedade, tentando extrair das qualidades subjetivas uma análise social. Não nos interessam aqui os termos de sua vasta e diversificada obra, mas, sim, elucidar sucintamente como ele influenciou a Escola de Manchester e o conceito de *rede social* ao valorizar nos estudos sociais – portanto, nas dinâmicas coletivas – a dimensão subjetiva.

Uma determinada *rede social* representa os laços de uma comunidade a partir de quaisquer parâmetros que se estabeleça em um estudo. Ela oferece a possibilidade de análises macrossociais, mas também microssociais, relacionadas a apenas um indivíduo e o seu entorno. Isso, porque, de uma *rede social total*, podemos extrair uma *rede social parcial* a partir de um nó central do nosso interesse.

O chamemos de nó *Alfa*. A partir de suas ligações imediatas, ou de primeira ordem, é possível mapearmos todos os demais laços que o condicionam naquela rede e que revelam, também, a influência desse mesmo nó *Alfa* em toda a rede. Dessa forma, podemos medir a força desses laços em relação à distância entre o nó *Alfa* e os nós de segunda ordem, assim como, os de terceira, quarta etc. Assim, em relação a qualquer nó de uma rede social, temos múltiplos laços que representam forças distintas de ligação conforme a proximidade de um outro nó.

---

16 WEBER, 2008, p. 11.

Figura 1 - Exemplo de zona parcial de segunda ordem de Alfa

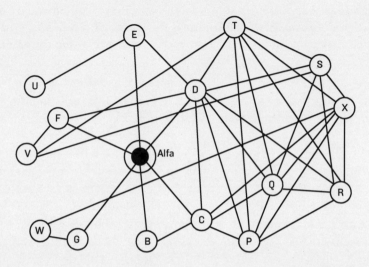

Fonte: BARNES, 1987, p.170.

Nos termos da antropologia estrutural, o conceito de rede social contribuiu, ao longo de décadas, para a expansão – ou implosão – da ideia de estrutura social. Enquanto ferramenta, ele formalizou, isto é, deu forma às combinações exponenciais das relações sociais, antes impensadas porque circunscritas às noções lineares das funções, do parentesco e do mitológico.

Relações sociais que, segundo Lévi-Strauss, "são a matéria-prima empregada para a construção de modelos que tornam manifesta a própria *estrutura social*, que jamais, pode, portanto, ser reduzida ao conjunto das relações sociais observáveis em cada sociedade".[17] Ele condicionava a validade dos modelos deduzidos de uma estrutura a quatro termos concomitantemente necessários:[18]

- a estrutura apresenta-se como um sistema, isto é, a mudança de um elemento altera todos os demais;

- cada modelo da estrutura corresponde a uma transformação da mesma;

- a previsibilidade da reação de um modelo, no caso da modificação de um elemento dele;

- cada modelo deve dar conta de todos os fatos observados.

---

17 LÉVI-STRAUSS, 2017, p.283, grifo do autor.

18 Op. cit., p. 283-4.

A construção de um modelo baseado em uma ampla rede social obedece aos três primeiros termos, todavia, o quarto termo é impossível de ser validado. Se, antes, diferenciando-se de Radcliffe-Brown, Lévi-Strauss apontava que a estrutura não poderia jamais ser reduzida ao conjunto de relações observáveis – no sentido de que isso seria uma condição que não bastaria, por si, para apontar uma estrutura –, agora essa redução nem mesmo seria possível. Como vimos, a partir do ferramental da rede social, as relações observáveis aumentaram exponencialmente, tendendo ao infinito. Por isso, construir um modelo que daria conta de todos os fatos observados tornou-se uma aspiração inviável.

Do ponto de vista epistemológico, poderíamos dizer que isso representou a ascensão do sujeito histórico, situado no tempo e no espaço, nas abordagens de fundo estruturalista.

O sujeito que emerge da busca positivista pela estrutura e eclode como uma mistura indissociável entre estudioso e objeto de estudo, rompendo com a análise sincrônica e com o cientificismo, não o faz somente devido a um simples questionamento dos membros da Escola de Manchester ao estrutural-funcionalismo ou, ainda, a uma adesão da teoria da ação a um marxismo vulgar no contexto da Guerra Fria; antes, ele ganha força na medida em que os eixos de uma arcaica cultura eurocêntrica começam a desengatar da propalada marcha da história.

O ponto morto, na Segunda Guerra Mundial, foi seguido da consolidação das reinterpretações dos princípios iluministas desdobrados entre liberais e socialistas, que passaram à condição de vencedores diante dos totalitarismos nazista e fascista. O indivíduo que renasceu após as duas guerras mundiais, tensionado entre os ideais capitalista e comunista, o fez chacoalhando paulatinamente os costumes e as práticas em busca de liberdade, igualdade e fraternidade, fortalecendo-se diante do que outrora era estabelecido no campo científico e moral, de Washington a Moscou.

Naturalmente, essa libertação ativa, experimental e crescente do sujeito foi ecoando na academia e fazendo deste sujeito o objeto e o agente das próprias transformações. Poderíamos dizer que no pós-guerra confluíram dois caudalosos rios teóricos. Se, por um lado, a Escola de Frankfurt e a sua teoria crítica expuseram o indivíduo e o intelectual na cultura de massas – este último, agora, impossibilitado de abster-se por uma pretensa validade científica como pretendiam Radcliffe-Brown e Lévi-Strauss –, por outro, a Escola de Manchester na antropologia, em sua teoria da ação, ampliou a noção de estrutura, incorporando esse mesmo sujeito histórico.

O desenvolvimento teórico que dependia do recorte subjetivo do estudioso, seguindo a tradição weberiana, deixava de se pretender neutro e passava a ser a manifestação atuante do pensador enquanto agente histórico, seguindo a tradição marxista. Na síntese destas influências, configurou-se uma dupla camada de subjetividade – a do sujeito-objeto e a do sujeito-observador –, o que vaporizou, ao menos por um período, a herança cientificista oriunda do positivismo.

Isso contribuiu para deslocar o paradigma do estruturalismo, o multifacetando nas mais diversas disciplinas das ciências humanas, culminando naquele que ficou reconhecido como o estruturalismo francês ou o pós-estruturalismo. Nele, o conceito de estrutura distanciou-se da noção de uma força imutável e atemporal e flexibilizou-se pelos mais diversos campos do conhecimento, não somente nas noções que se desdobraram do conceito de rede social, mas além, naquelas filosóficas que abarcam as instituições do Estado, a religião, o comportamento, a moral, as leis, a sexualidade e o inconsciente.

Foi essa síntese teórica – sob o impacto dos frankfurtianos, de Freud, Saussurre e Lévi-Strauss – que fertilizou em um período de mais de vinte anos, atingindo o seu apogeu com a geração que foi às ruas nas manifestações de maio de 1968, na França. Período simbolizado por uma geração de intelectuais que, de certa maneira, pensaram e ajudaram a desconstruir certos referenciais ocidentais de então e a construir a atualidade. Esse mundo de hoje, tido por alguns como a expressão da superação da modernidade, que teria adentrado na pós-modernidade, e por outros como mais um período de avanço nas contradições modernas.

Não nos cabe, aqui, promover essa discussão, uma vez que a disputa pela correção de sua nomenclatura torna-se menor diante de uma característica contemporânea, que parece ser percebida por ambos os lados da controvérsia: a revolucionária sensação de desestruturação.

2. GLOBALISMO E "DESESTRUTURAÇÃO": NOVAS FORMAS DE PRAZER E SOFRIMENTO

> A distribuição circular das cabanas em torno da casa dos homens é de tal importância, no que se refere à vida social e à prática do culto, que os missionários salesianos da região do rio das Garças logo aprenderam que o meio mais seguro de converter os Bororo consiste em fazê-los trocar sua aldeia por outra onde as casas são colocadas em fileiras paralelas. Desorientados em relação aos pontos cardeais, privados da planta que fornece um argumento a seu saber, os indígenas perdem rapidamente o sentido das tradições, como se seus sistemas social e religioso (veremos que são indissociáveis) fossem complicados demais para dispensar o esquema patenteado pela planta da aldeia e cujos contornos são perpetuamente reavivados por seus gestos cotidianos.[19]

Após traçarmos de maneira rudimentar a gênese do conceito de rede social e a sua relação com a noção de estrutura, nesse capítulo pretendemos apresentar suas condições de aproximação e distanciamento em relação à rede social virtual e quais são alguns dos seus efeitos observáveis nas implicações sociais postas aos indivíduos a partir da intensificação da globalização.

Não serão propalados os inúmeros benefícios ocasionados pelo avanço tecnológico, uma vez que nossa intenção é estimular o debate crítico e não apenas reproduzir um discurso de celebração, cuja ocorrência em demasia já parece entediar tantos. Caso não tenha ficado devidamente nítido, utilizaremos o termo *estrutura* e seus derivados em um sentido ampliado, na medida em que não nos referimos a nada de imutável e atemporal, muito pelo contrário.

Isso porque, como vimos, Barnes e outros tantos[20] que se dedicaram aos estudos das redes sociais apontaram que o dinamismo das relações nas sociedades modernas e complexas de outrora praticamente inviabilizava a inferência de uma estrutura, como aquela almejada por Radcliffe-Brown ou aquela buscada por Lévi-Strauss.

No mundo de então, imediatamente após a Segunda Guerra Mundial, as tecnologias mais avançadas – como os primeiros satélites, computadores e redes de computadores – eram restritas aos departamentos governamentais e voltadas para os interesses militares. Ao

---

19 LÉVI-STRAUSS, 1996, p. 233 – 34.

20 FELDMAN-BIANCO, op.cit., parte II e III.

longo das décadas de 1950, 1960 e 1970, parte dessas inovações transbordou para o usufruto civil, sobretudo como um avanço paulatino nas áreas da telefonia e das transmissões televisivas.

Na década de 1980, os *personal computers* começaram a adentrar os lares das classes médias nos países ricos. Naqueles lugares, os mais abastados também passaram a contar com telefones em seus carros para, logo depois, se tornarem os pioneiros que desbravariam as matas cerradas da telefonia celular. Vinte e sete anos após Barnes conceituar rede social, a iminência do fim da Guerra Fria delineava alguns dos subprodutos que comporiam a síntese daquele período de antagonismos. Consequências que propiciariam um grande incremento dos fluxos socieconômicos, de informação e da complexificação das redes sociais e dos seus fenômenos.

Nos anos 1990, a internet discada ficaria mais acessível à população de fora dos grandes centros da economia mundial e, logo depois, a internet a cabo e a fibra óptica permitiriam a transmissão de uma quantidade de dados impensável em um passado recente.

No campo dos costumes, se na Europa os ecos de maio de 1968 ressoaram por muitos anos, nos EUA, a derrota na Guerra do Vietnã só fez diluir pela sociedade traços da visão de mundo da geração *hippie* e dos movimentos pelos direitos civis. Marcos distintos, plurais, separados pelo oceano Atlântico, mas que tinham em comum o questionamento ao *status quo*. Expressões sociopolíticas ocidentais, cujas repercussões mundiais ressoaram no campo das artes, em uníssono, como o espírito daqueles tempos, através de algumas gerações.

A magnitude do impacto de tais rupturas e questionamentos estabeleceu novos referenciais e paradigmas. Muitos daqueles que foram influenciados pelo *zeitgeist* do final dos anos 1960 e início dos 1970 alcançaram, a partir da década de 1980, os postos de comando das empresas e dos governos mundo afora. Algo patente no setor das novas tecnologias, onde os jovens encontravam um universo novo para se desenvolverem profissionalmente. Por exemplo, tais inspirações são públicas e notórias nas trajetórias de Bill Gates e Steve Jobs.

Essa conjuntura altamente dinâmica tornou-se ainda mais complexa nos anos seguintes. Dela, nos restringiremos a alguns aspectos do *status quo* que, entendemos, formam o eixo que originou a nova ordem mundial após o fim da Guerra Fria. Os dividimos, grosseiramente, em três grupos:

- o *status quo* geopolítico: três interpretações sobre a aceleração da globalização e a consolidação do globalismo;

- o *status quo* sociocultural: a ideologia de mercado: existencialismo de consumo;

- o *status quo* econômico: razão, inconsciente e "desestruturação".

Aspectos entrelaçados que explicam, em parte, as relações sociais contemporâneas, seus conflitos e as novas modalidades de sofrimento e prazer encarnadas no indivíduo.

2.1. O *STATUS QUO* GEOPOLÍTICO

No final dos anos 1980, fundamentalmente após a queda do Muro de Berlim, em novembro de 1989, iniciou-se um processo de aceleração aguda da globalização, iniciada com as expansões marítimas europeias, nos séculos XV e XVI. Segundo o sociólogo Octavio Ianni, tamanhas transformações nos fluxos internacionais em um espaço de tempo tão reduzido criaram uma nova configuração histórico-social, consolidada a partir da década de 1990: o globalismo.

> É óbvio que na base do globalismo, nos termos em que se apresenta no fim do século XX, anunciando o século XXI, está o capitalismo. As forças decisivas, pelas quais se dá a globalização do mundo, instituindo uma configuração histórico-social nova, surpreendente e determinante, são as forças deflagradas com a globalização do capitalismo, processo esse que adquiriu ímpetos excepcionais e avassaladores desde a Segunda Guerra Mundial e mais ainda com a Guerra Fria, entrando em franca expansão após o término desta.[21]

Em sua vasta obra sobre a globalização e o globalismo, Ianni disseca os impactos dessas transformações nas metodologias das ciências humanas e os seus potenciais desdobramentos ao longo dos anos 1990 e no início do século XXI. Para ele, três abordagens se destacavam no rol de análises do novo fenômeno por serem metateorias capazes de articularem noções locais e globais:

- a *sistêmica*, adotada tanto na academia quanto nos órgãos governamentais, empresas transnacionais e *think tanks*. Ela é funcionalista e sincrônica, compreendendo o globalismo como um organismo autorregulado e a-histórico, que tende ao equilíbrio. Como vimos anteriormente, ao abordarmos o estrutural-funcionalismo de Radcliffe-Brown, ela também é mantenedora do *status quo*, ao ignorar possibilidades disruptivas oriundas das contradições e disputas entre indivíduos, classes e grupos, uma vez que estes representariam funções complementares;

---

21 IANNI, 2014, p. 184.

- a *weberiana*, em sua análise social da ética protestante e outros conceitos relativos ao nexo entre o indivíduo e a sociedade. Porém, fundamentalmente, quanto ao seu aprofundamento no estudo daquilo que Weber chamou de *dominação racional, dominação legal* e *dominação burocrática*, auxiliando na crítica dos processos e fluxos modernos em quase todos os aspectos da vida, através da noção de calculabilidade na economia – tudo é calculável – e da burocracia, no direito;

- e, por fim, a *marxista*, em sua abordagem dialética e materialista acerca do dinamismo do capital e dos modos de produção ao longo da história.[22]

Talvez seja evidente que a primeira metateoria prevaleceu em detrimento das duas últimas, que ficaram quase que exclusivamente circunscritas às combatidas e combativas universidades. Cabe ressaltar que essa constatação não faz outra coisa senão revelar a pertinência das preteridas. Assim, com elas percorreremos pelo restante desse ensaio.

Muito além de prevalências teóricas, a hegemonia da metateoria sistêmica aponta como a leitura positivista e, principalmente, cientificista do funcionalismo voltou a condensar nas ciências sociais a partir daqueles anos de 1990, após uma breve pulverização nas décadas anteriores. Retomada esta que teorizou e fundamentou atuações e decisões, nos âmbitos locais e global, por parte dos governantes dos Estados e dos conglomerados transnacionais.

No entanto, essa liquefação não trouxe a mesma água de outrora aos diques que estruturam o capital. Podemos notar que se houve, de fato, uma tentativa bem-sucedida de reposicionamento do *status quo* após o fim da Guerra Fria, no que tange à esfera macroeconômica, através do neoliberalismo – fortalecendo ainda mais o poder das elites econômicas do Oriente ao Ocidente –, alguns princípios contestadores vieram à reboque no campo dos costumes, do discurso e das práticas que questionavam esse mesmo *status quo*.

Mais do que isso, esses princípios sofreram uma deflexão, renovaram-se. O indivíduo das massas inserido na sociedade hipermidiatizada de consumo, ao longo das três últimas décadas, passou a refletir mais sobre a sua condição de número e função na antiga estrutura e a demandar o reconhecimento efetivo do seu estatuto de sujeito. Nisso, a abordagem sistêmica foi fundamental para acolhê-lo em sua demanda, ainda que com um perigoso atalho, como veremos, uma vez que o estado das coisas não foi rompido.

---

22 Idem, cap. VIII, *A ideia de globalismo*, p. 181–212.

Dessa forma, estruturalmente, o capitalismo avançou em suas contradições, cedendo parcialmente à exigência do indivíduo quanto à demanda do *ser,* segundo Hannah Arendt: *aparecer.*

2.2. O *STATUS QUO* SOCIOCULTURAL: EXISTENCIALISMO DE CONSUMO

Voltando à citação que abre esse ensaio: o *aparecer* implica em um *ser visto.* A argumentação de Arendt é que "nada e ninguém existe neste mundo cujo próprio ser não pressuponha um espectador. Em outras palavras, nada do que é, à medida que aparece, existe no singular; tudo que é, é próprio para ser percebido por alguém".[23]

Para existir, o *ser* precisa do olhar do *outro,* que esse *outro* o perceba, fazendo, assim, com que se sinta percebido. Portanto, em uma ação reflexiva, que ele perceba a si mesmo *a partir do outro.* Há um nexo social nessa relação que advém do fato de que o reconhecimento, em sua ocorrência, depende de ambos os termos: o *ser* e o *outro.* Chamemos esse nexo social de *ser-reconhecido.*

Com a intensificação da globalização, a partir dos anos 1990, o sentido do *ser-reconhecido* encontrou um grande amparo institucional na própria ordem mundial nascente, em oposição à ordem anterior, uma vez que em suas instâncias decisórias já se encontravam aqueles constituídos e influenciados, consciente ou inconscientemente, por diversos movimentos civis que lutaram por reconhecimento nas décadas anteriores.

Aquilo que ajudou a unificar em dois tempos esse processo disruptivo, de aceleração aguda da globalização e da massificação das novas tecnologias, foi um ponto estabilizador entre as gerações[24] forjadas nas décadas de 1960 e 1970 e aquelas que cresceram nos anos 1980 e 1990; a saber, que o *ser* foi massivamente estimulado a procurar – e

---

23 ARENDT, 2017, p. 35.

24 O propalado "conflito de gerações" geralmente se dá no campo dos costumes. Entretanto, a partir da metade dos anos 1990, notamos que o esperado conflito geracional entre adultos e jovens não ocorreu com a intensidade das décadas anteriores, se retrocedermos até a Segunda Guerra Mundial. Nossa tese é de que por pouco mais de uma década houve uma certa confluência na busca das gerações pelo reconhecimento, saciada e unificada provisoriamente pelo aprofundamento da sociedade de consumo. Cenário que se deteriorou na última década, restabelecendo os embates beligerantes na esfera comportamental, sobretudo, devido às alterações provocadas pela massificação das novas tecnologias e das redes sociais virtuais, como veremos adiante.

encontrou abundantemente disponível na cultura – um atalho falso, mas funcional e imediato para um estado efêmero do *ser-reconhecido*. Ele é o *ter*.

Não há nada de nocivo nisso e, certamente, esse não é um processo exclusivo das três últimas décadas, tampouco melhor ou pior do que o *ser-reconhecido* que demanda tempo, enfrentamentos, decisões, renúncias e sofrimentos em relação ao *outro*. O ato de consumir, logo, de possuir, *ter*, é importante, como sabemos, mesmo quando não serve somente à satisfação das necessidades básicas. O desejo de um ou mais bens materiais, seja ele um livro, um prato de comida, uma roupa, um carro, uma casa ou um celular, em geral, é um componente fundamental da sensação de bem-estar e contribui para que encontremos sentido e prazer tanto nas atividades do trabalho, quanto naquelas de lazer.

O que tratamos aqui refere-se às consequências da massiva e abrupta intensificação da lógica do consumo em um nível global, com a qual, sem dúvida, muitas pessoas optam, ou melhor, disciplinam-se a não compactuar, mas que, indubitavelmente, gerou e tem gerado novas manifestações e práticas na sociedade, bem como sintomas nos indivíduos. É sobre essas manifestações sociais que discorreremos adiante.

Respeitadas as inúmeras idiossincrasias regionais e nacionais, os anos de 1980 e 1990 foram marcados, no âmbito global, por um ataque frontal do capital transnacional ao poder dos Estados, enquanto agentes reguladores. Mercados que, por sua vez, assumiriam uma força bestial por quase dezoito anos até a grande crise econômica iniciada entre 2007 e 2008. Nesse período, associado a um otimismo internacional devido à recente estabilidade geopolítica, o crescimento voraz e descontrolado do sistema financeiro propiciou, entre outras coisas, por um lado, a explosão do consumo de bens industrializados – devido a uma maior integração das cadeias produtivas e otimização dos processos logísticos –, e, por outro, o desmonte de setores de amparo social do Estado, bem como o estrangulamento dos espaços de disputa política e de representatividade dos mais diversos coletivos de trabalhadores, portanto, das massas.

Não podemos esquecer do papel fundamental das novas tecnologias nesses processos de produção e logística, que desdobraram-se tanto no aumento da produtividade, quanto na geração do desemprego estrutural, isto é, aquele que não está associado a uma crise econômica especificamente, referindo-se ao excedente da força de trabalho que, ocioso, devido à oferta e demanda, propicia o rebaixamento dos salários e a precarização das condições daqueles que estão empregados. A conjugação desses fatores, apesar do crescimento da economia mundial e dos consequentes ganhos trazidos pelos novos transbordamentos tecnológicos – por exemplo, na ciência e na saúde – só fez aumentar a concentração da renda global[25] e a desigualdade social.[26]

Muitos espaços públicos, objetivos e simbólicos, de representatividade, transformação e amparo foram semi-interditados às massas, cada vez mais distanciadas dos interesses imediatos promovidos pelos *lobbies* dos grandes grupos econômicos e do sistema financeiro na política institucional e nos organismos internacionais.

Um grande número de desempregados e precarizados em suas atividades, constituindo a expressiva maioria da população mundial, teve as suas possibilidades de reconhecimento diminuídas. Trabalhadores sem muitas perspectivas de melhorarem suas condições de trabalho, educação, cultura, lazer, saúde e, na maioria dos casos locais, como reflexo das carências anteriores, de segurança. Condições mínimas que sustentam socialmente o desenvolvimento das potencialidades do indivíduo e, portanto, estabelecem espaços fundamentais, de caráter público, para o seu próprio reconhecimento a partir do *outro*. Demandas basais frustradas, para além do estado imediato das coisas, em seus campos discursivos e ideológicos, tamponando utopias e sonhos coletivos, agora ultrapassados por um individualismo galopante.

Ampliaram-se as lacunas deixadas pelos Estados, irrisoriamente preenchidas pelo crescimento do terceiro setor (ONGs) e por projetos de grandes empresas buscando isenções fiscais associadas a um benefício às suas imagens e, consequentemente, a um aumento do número dos seus consumidores cativos. Inquestionavelmente, essas desejáveis ações não bastaram para encher os estômagos vazios e pacificar os espíritos inquietos. Entretanto, o dinheiro se apresentaria, cada vez mais, como a luz no fim do túnel capaz de oferecer aquilo que as iluministas constituições garantem, mas não cumprem. De tal forma que, se a busca pelo reconhecimento foi parcialmente interditada nos espaços públicos, ela encontrou sua vazão no universo do consumo privado.

---

25 PIKETTY, 2014, cap. 9: A desigualdade da renda do trabalho e cap. 10: A desigualdade na apropriação do capital, p. 296 – 367.

26 Não precisamos nos ater às explicações pormenorizadas sobre como, evidentemente, a desigualdade social promove dolorosos processos de invisibilidade social, afetando negativamente tudo o que associa-se à noção de reconhecimento que aqui buscamos problematizar.

O globalismo, em seu começo, nos anos em que o desenvolvimento tecnológico acelerava de forma inédita, reorganizando-se em uma lógica micro, exponencial e entusiasmada, permitiu a criação de uma profusão de novos produtos e serviços. Sobretudo, revolucionou a arte da venda com sofisticadas técnicas e efeitos de *marketing*. O sentido da publicidade continuou inalterado, mas o seu poder de persuasão aumentou consideravelmente e o seu alcance foi redimensionado com as campanhas globais das grandes marcas.

Do lançamento dos produtos às ferozes disputas por mercados, a fabricação de novas demandas nos indivíduos globalizados parece ter sido o ponto da intensificação adotado pelas grandes agências de publicidade. Na batalha pela criação de necessidades nas massas, marcas rivais estabeleceram suas principais diferenças, não na descrição dos produtos como outrora, mas, na criatividade das suas apresentações ao universo consumidor. Distinções em como vendê-los no globalismo, aplicadas sobre o mesmo *modus operandi* de sempre: a ideia de comprar um determinado produto deve ser sentida e percebida pelos consumidores como a possibilidade de obter um transporte infalível e sem sofrimento a um destino feliz, paradisíaco. Uma dimensão interior acessível rapidamente no ato do consumo, agora disponível em quase todas as cidades do planeta.

Pavimentou-se, em escala global, um caminho aparentemente mais curto ao *ser-reconhecido*. Nele, o nexo do pertencimento social recai quase que exclusivamente sobre o *ser* a quem cabe as desonras do fracasso e as glórias do sucesso na sociedade de consumo. Indício da diluição mundial da simbiose entre o capitalismo e a ética protestante, nos termos investigados por Weber,[27] em processos psicossociais muito semelhantes àqueles do sagrado e dos estatutos da fé, demonstrados pelo autor.

Com tamanho estímulo ao consumo por todos os lados, as relações sociais passaram a envolver menos um reconhecimento do *ser* e mais uma exaltação do *ter,* como o sinal de uma bênção.

O *ser* passou a buscar mais intensamente o olhar de um *outro* fantasiado, vendido, indefinido, extemporâneo e globalizado, representante de uma sociedade idealizada como um *shopping* onde habitam os vencedores. Isso, porque nesta busca pelo reconhecimento, ao adaptar-se às novas dinâmicas nas *redes sociais* globalizadas, o ser viu bloqueada

---

27 *A ética protestante e o espírito do capitalismo* de Max Weber.

parte da sua premissa constitutiva, anteriormente alocada em um *outro* imediatamente próximo, fomentando, assim, o reconhecimento do olhar consagrador de um *outro* presumido e mais distante, que o faz pela inveja que ameaça. Um sentimento tão antigo quanto a vida em sociedade, promotor do acirramento dos conflitos, agora, entretanto, massivamente estimulado e desejável.

Da sociedade de consumo evoluiu o consumismo, que tornou-se um modo de vida, uma visão de mundo, uma estética aparentemente capaz de estreitar o abismo socioeconômico do reconhecimento que aparta os indivíduos das massas daqueles pertencentes e um ínfimo estrato da elite econômica, percebidos como bem-sucedidos e merecedores de um reconhecimento divino.

O consumismo é a manifestação do vazio, daquilo que aqui denominamos como o *existencialismo de consumo*, a fomentar no *ser* uma reflexão profundamente distorcida pelo *ter*, que a torna mais superficial, pseudoexistencial e a-histórica; e, por isso, funcional para o *status quo*. Sem tempo e contexto, porque necessariamente circunscrita ao gozo imediato da compra como ato de purificação. Um escapismo prazeroso que inutilmente tenta preencher, com objetos, a lacuna deixada pelo reconhecimento interditado, mais amplo e profundo a partir do *outro*, uma vez que eles deixaram de compartilhar certos trajetos simbólicos locais que estreitavam os marcadores simbólicos da relação.

Esse vazio no *ser* é o espaço parcialmente interditado ao nexo social, agora ostensivamente preenchido pelo nexo individual do *ser* em relação à posse de algo que se interpõe entre ele e um *outro* cada vez mais distante. Socialmente, portanto, o ato de *aparecer* e *ser visto*, deslocou-se pesadamente para um *ser-ter*, que configurou sua busca por reconhecimento em um *ser-ter-reconhecido* que não consegue, por fim, *ser-reconhecido* para muito além de mais um número e uma função em meio aos *outros* na cultura de massas da *rede social global*.

O *status quo*, afinal, como dissemos anteriormente, alargou-se, adaptou-se, mas não se rompeu.

2.2.1. OSTENTAÇÃO

Naturalmente, quanto maior o abismo, mais difícil deve ser superá-lo. Entre os seus adeptos mais radicais, o triunfo do consumismo é a ostentação, exatamente porque distante de qualquer satisfação no nexo social. Esse distanciamento, para alguns, é, em si, o próprio reconhecimento, em detrimento daquele que demandaria aproximação, contato, troca e uma verdadeira exposição do *ser* diante do *outro,* em uma necessidade positiva dele, ou seja, da sua presença. Essa dinâmica é representada, basicamente, pelo binômio *ser-ter.*

Nela, para o *ser,* a necessidade positiva do *outro* enfraqueceu-se de tal maneira que a sua distância, na busca pelo reconhecimento, tornou-se a medida necessária da sua ausência. A necessidade negativa do *outro* ocorre quando a franca exposição das qualidades, certezas e alegrias do *ser* – que implica também na revelação de parte de suas dúvidas, angústias, defeitos, temores e tristezas – passa a ser percebida como fraqueza e impotência diante da amplitude do globalismo e dos desafios que ele impõe.

A ostentação, antes de mais nada, é uma defesa inconsciente do indivíduo perante a sociedade, para que ele suporte o vazio do existencialismo de consumo.

Nesse sentido, é possível notar como o instinto germinador da cultura da ostentação – enquanto estética moderna a emular práticas divisionistas da antiga aristocracia europeia e dos escravocratas – brotou como uma resposta de empoderamento, séculos depois, nos guetos dos EUA, e, mais tarde, se popularizou mundialmente como uma torpe e distante expressão individualista de resistência à opressão social.

Entretanto, a ostentação é uma manifestação estética desprovida de nexo social, temporal ou de resistência frente a qualquer opressão estrutural.

Por parte da elite econômica, ela continua o que sempre foi: uma prática de diferenciação de classe. Por parte das massas, além da busca pela diferenciação, que atestaria a ascensão social, ela também é uma resposta tardia e sem chicotes à negação dos direitos e do reconhecimento social pleno dos negros e pobres que viveram nos séculos anteriores. Por ser resposta, o faz através da mesma gramática, atingindo, uma vez mais, indivíduos que percebem sua busca pelo reconhecimento interditada socialmente.

A publicidade, nesse ponto, oferece o seu *modus operandi* àquele que ostenta, pois ela foi a sua verdadeira escola. Se o pressuposto da ostentação é tornar pública, comunicar aos *outros,* a fortuna do indivíduo, para ostentar ele precisa se vender a um *outro* globalizado através do alfabeto universal que reconhece – o consumismo. Assim, ele se torna o produto. Posta a relação de reconhecimento estruturada no *ter,* essa venda de si se dá através da autoexibição com aqueles objetos que possui, onde pesa única e exclusivamente a sua reflexão.

A estética da ostentação, desta forma, massifica-se positivamente em relação aos objetos e negativamente em relação ao *outro*. Como uma linguagem capaz de comunicar a extrapolação da purificação promovida pelo ato do consumo. Ela é a catarse no indivíduo que o sacraliza: a sua identificação plena com o próprio desejo. É o sentimento de se reconhecer como um produto consumível e único, fabricado em sua tentativa bem-sucedida, nos termos da sua crença, de se diferenciar das massas e expurgar suas carências sociais e tristezas pessoais.

Essa prática aguda do consumismo, completamente estruturada na inveja do *outro* e no individualismo alheio ao nexo social, só pode ser política ao sustentar o *status quo*, uma vez que reproduz a segregação.

A questão recai, propriamente, não no *ser-ter*, mas no seu oposto, no *não ser-ter*, revelando como é insuportável, ao *ser,* a dor de não se perceber reconhecido. Esse não reconhecimento – que, de fato, tem uma origem extemporânea nos campos econômico, histórico e social – se estabelece através da cristalização do *ter* na relação entre o *ser* e o *outro*. É precisamente a dor insuportável do não reconhecimento que só pode ser endereçada agressivamente ao *outro* ou ao objeto material possuído, enquanto representantes tangíveis da sociedade. Assim, por contraste, só lhe resta perceber-se, ou refletir, a partir da segregação do *outro*, que visa o destituir da sua condição de *ser-ter*, ou da destruição do objeto possuído.

Porém, a destruição do objeto material torna-se uma opção factível somente em um segundo lance de segregação.

O que, de fato, cria as condições para a ostentação é a resposta do *ser* a esse *outro* fantasiado, globalizado e presumido, com o seu necessário rebaixamento à condição do *não-ser-ter.* Seja por parte daquele que se esforça, inconsequentemente, para possuir algo que não seria possível diante do abismo das diferenças materiais – ainda que acabe conseguindo, geralmente a um custo muito superior ao financeiro –, seja por parte daquele que, tendo tudo, esforça-se para desperdiçar o máximo que pode.

A distinção entre ambos só existe porque, no primeiro indivíduo – em número muito maior na sociedade de consumo –, o esforço incondicional é a fonte do gozo masoquista que tende a ser escondido e proibido, para que a autoexibição com a posse seja pública, como um troféu que atesta sua parte do paraíso após o secreto calvário autoimpingido; enquanto que, ao segundo indivíduo – em número infinitamente menor – torna-se necessária a duplicação da segregação para que ele se distinga do primeiro, uma vez que o consumo de bens tornou-se, a partir dos anos 1990, muito mais acessível.

Ao que tem tudo, a duplicação da segregação propicia o gozo sádico, já que ela promove a autoexibição do indivíduo não com o objeto, enquanto troféu, mas desprezando aquilo que é a necessidade e o desejo do *outro*. Assim, torna-se possível o reinvestimento em seu vazio, que não pode mais ser ilusoriamente preenchido por objetos, uma vez que já possui muito mais do que o suficiente. Esse duplicado poder reinstaura o prazer que não pode mais ser obtido no ato consumista, uma vez que, por se reconhecer negativamente, ele pode tanto afastar-se e vingar-se do *outro* que não o reconhece – o destituindo de sua condição de *ser-ter* –, quanto dar vazão ao ódio que sente pelos objetos materiais que não saciam a sua busca, os desprezando, desperdiçando, inutilizando ou destruindo.

Nos termos descritos nessa seção, portanto, tentamos, minimamente, delinear certos aspectos desse cenário do *status quo* que não se rompeu, mas se expandiu, oferecendo aos indivíduos novas possibilidades de reconhecimento às custas da diminuição de outras esferas de pertencimento. Seguiremos, adiante, com os efeitos provocados por esse reposicionamento.

2.3. O *STATUS QUO* ECONÔMICO: RAZÃO, INCONSCIENTE E "DESESTRUTURAÇÃO"

> À medida que as empresas aumentam a digitalização de seus negócios e geram experiências consistentes e melhores para os clientes, os consumidores estão adotando esses compromissos personalizados em tempo real e redefinindo suas expectativas quanto à entrega de dados. À medida que seu mundo digital se sobrepõe a sua realidade física, eles esperam acessar produtos e serviços onde quer que estejam, seja qual for a conexão que tenham e em qualquer dispositivo. [...] As empresas que buscam oferecer experiência superior ao cliente e aumentar o compartilhamento devem ter infraestruturas de dados que possam atender a esse crescimento de dados em tempo real. Hoje, mais de 5 bilhões de consumidores interagem com dados todos os dias - até 2025, esse número será de 6 bilhões, ou 75% da população mundial. Em 2025, cada pessoa conectada terá pelo menos uma interação de dados a cada 18 segundos.[28]

2.3.1. RAZÃO – A ORGANIZAÇÃO DAS NEUROSES

O globalismo e o consumismo, galgados nas possibilidades propiciadas pelo e para o capital através das novas tecnologias, promoveram

---

28 Cf. REINSEL, David et al. *The digitization of the world: from edge to core*, nov. 2018, p. 4-5. Tradução nossa.

uma ocidentalização do mundo. Não somente em relação aos fluxos de bens, dados e capitais, mas, fundamentalmente, naqueles estéticos e comportamentais, dos quais a ostentação é apenas um dos traços.

As culturas europeias, sobretudo a francesa, são uma parte importante desse fenômeno, com sua influência mais notada nos campos acadêmico e comportamental, ainda que muito menor em relação àquela dos costumes norte-americanos. Nesta última, a indústria cultural dos EUA desempenhou um papel fundamental como agente de duas faces da mesma moeda: aquilo que os cientistas políticos denominam como *soft power* e outra que os antropólogos chamam de aculturação. Processos correlatos advindos, nesse caso, à sua excepcional indústria cinematográfica, bem como àquelas das mais diferentes expressões culturais – como os campeonatos esportivos, *shows* televisivos, jogos, bandas e séries – que qualificam o país como o centro mundial, por excelência, da transformação de tudo em espetáculo.

Assim, sob influência da Europa ocidental e, principalmente, dos EUA, certos ideais reinterpretados da herança iluminista e propalados como liberais difundiram-se com muita intensidade e velocidade pelos mais variados contextos locais. Isso gerou resistência por parte de grupos que perceberam os seus valores atingidos – muitos dos quais indissociáveis do sagrado e das religiões – por uma violência simbólica[29] espetaculosa, manifesta em novas práticas econômicas e hábitos em relação ao consumo e aos costumes.

Porém, essa reação é insuficiente para promover a ética, a alteridade ou uma crise de consciência nos grandes jogadores do mercado, detentores do capital transnacional. Ao contrário, aparentemente, as batalhas pelas riquezas estão cada vez mais acirradas.

A sociedade globalizada tem nas novas tecnologias a sua *infraestrutura racionalizável*. Um alicerce cartesiano, técnico, científico e amo-

---

29 *Violência simbólica* é um conceito do sociólogo Pierre Bourdieu que se articula com o *habitus*, o *campo simbólico* e o *capital simbólico*. Ver *O poder simbólico*, Pierre Bourdieu, 1989. Resumidamente, o indivíduo que partilha com outros indivíduos um determinado campo simbólico possui um determinado capital naquele campo. A prática subjetiva forma com as práticas objetivas do campo o seu *habitus*. Cada campo possui uma estrutura de poder em relação ao acúmulo do capital simbólico, conformando relações entre dominados e dominadores. A dominação, independentemente do campo, se dá pela coação ou pelo discurso dos dominadores, reproduzidos inconscientemente pelos dominados. Estes estabelecem um domínio consentido à medida que naturalizam o *campo simbólico* e o *habitus* dos dominadores. Bourdieu qualificou esta dominação como a expressão de uma *violência simbólica*.

ral, onde cada avanço é calculado, dando continuidade às disputas geoestratégicas e históricas entre nações, grupos organizados, etnias e corporações, pela primazia política no acesso aos recursos naturais, cada vez mais escassos.[30] É em sua camada mais externa, portanto, visível e perceptível, campo sociocultural da moral e da ética – onde, até poucos anos atrás efetivavam-se as relações sociais numa forma aparentemente mais sólida e estruturada –, que ocorre o terremoto do sujeito das redes sociais virtuais. Fundamentalmente, diante do olhar atônito daqueles nascidos no mundo pré-globalismo.

Devido ao enorme avanço tecnológico em um curto espaço de tempo, em sua lógica micro e exponencial, houve uma alienação quase total das massas quanto às potencialidades e às realizações efetivas disto que chamamos de infraestrutura racionalizável nas novas dinâmicas globais. Alienação, esta, que atinge também setores mais aparentes dos Estados e da política institucional, enquanto possíveis agentes reguladores de ações socialmente temerárias.

Quando um feito inédito e impactante chega ao conhecimento de alguns poucos – por exemplo, na área de biotecnologia – outros tantos já foram realizados sob a supervisão e a compreensão de pouquíssimos. Em determinados segmentos da rede social global, a potencialidade de abertura ou ruptura provocada pela criação de uma nova tecnologia, dependendo dos interesses, pode percorrer o mundo, em prospecções, especulações e espanto no mesmo dia em que é divulgada. Em geral, a reflexão sobre as suas implicações ao coletivo só é possível depois que ela já foi implementada.

Em um passado não tão distante, as tecnologias avançavam paulatinamente, em uma lógica macro e linear, fazendo com que a possibilidade de absorção e compreensão das mudanças fosse maior, assim como a análise e a acomodação dos seus impactos. Mesmo em transformações socialmente profundas, como aquelas derivadas da Revolução Industrial, do surgimento da indústria petrolífera, da luz elétrica ou da televisão. Porque naquelas, tamanhas modificações alcançavam as massas em etapas e mais lentamente, propiciando largas

---

30 Diversos pesquisadores e ambientalistas afirmam há anos que a tendência em curso, rumo à catástrofe climática global, só poderá ser minimamente revertida com o uso imediato das novas tecnologias em favor da preservação do meio ambiente, por parte dos governos e da iniciativa privada, e a conscientização da população mundial.

formações intermediárias de convívio entre antigos e novos hábitos enquanto práticas de transição social.

Nos últimos anos, as formas de transição deram lugar à sensação de que uma revolução pode ocorrer a qualquer instante. Elas podem se originar devido a um vírus que infecta os computadores da Bolsa de Valores de Nova York, um conteúdo vazado do celular de um presidente ou, para alguns, em decorrência do lançamento de um *iPhone* novo. Esse estado de tensão permanente no indivíduo é gerado pela aparente imprevisibilidade da sociedade global, por mais que o sentido de suas bases continue o mesmo. Um "grande acontecimento" que toma as manchetes do mundo todo em poucos minutos, tornando-se tema de discussões acaloradas na internet, horas depois é completamente ofuscado por um novo.

2.3.2. INCONSCIENTE – A ORGANIZAÇÃO DAS PSICOSES

Indubitavelmente, o fluxo interminável e incessante de palavras e imagens nos ambientes virtuais contribui para isso. Seja nos portais de notícias, nos blogs, portais de vídeos, nas redes sociais virtuais ou nos sites de empresas, a meta é atrair a audiência, manter o foco, o engajamento do internauta[31] e gerar lucro. Para isso, se faz necessário chamar a atenção em meio a um oceano de palavras e imagens que, por sua vez, também buscam chamar a atenção. Disso, só pode soerguer uma dinâmica cada vez mais apelativa aos sentidos e às representações, conformando uma sensação coletiva e generalizada de ansiedade. Ainda que, para um determinado indivíduo, na maioria absoluta das horas, poucos acontecimentos verdadeiramente impactantes de fato ocorram.

Nesse ponto reside algo fundamental: um acontecimento periférico, que em nada mudaria a rotina de alguém, pode assumir a centralidade da sua percepção[32] e tornar-se significativo, em detrimento de algo que, de fato, poderia impactar ou transformar o seu ambiente físico, suas práticas e condições concretas. A imprevisibilidade, nesse

---

31 Termo já em desuso, cuja utilização é importante para marcar como muitos não vislumbram mais a possibilidade de haver alguém que não é internauta.

32 IPSOS, 2018. O estudo avalia o quanto as pessoas conhecem sobre as principais questões, características e realidade dos seus países, considerando os seguintes assuntos: crimes, assédio sexual, meio ambiente, sexo, saúde, economia e população. Entre os países com pior conhecimento, a Tailândia ficou em 1º lugar, seguida por: México (2º), Turquia (3º), Malásia (4º) e Brasil (5º).

sentido, não está alocada somente no mundo exterior, da sociedade e da cultura, mas também surge de uma revolução possível a qualquer instante no interior do sujeito. Ela é a internalização de uma lógica artificial, em uma dinâmica acelerada, sem compreendê-la.

Assim, com um tempo de processamento menor do que um simples computador ou celular, as cabeças humanas, devidamente preocupadas com questões diárias que se impõem à sobrevivência, foram ainda mais apartadas da lógica e dos sentidos que confluem e se debatem debaixo dos seus pés. Tornou-se mais difícil, ao indivíduo, absorver conscientemente os efeitos dos estímulos, resultantes do seu contato com as tecnologias, que o bombardeiam diariamente por todos os lados. De maneira intrínseca, ficou muito mais difícil compreender quais são os interesses do emissor por trás de cada estímulo. Seja ele um interlocutor nas mídias sociais, seja a corporação que criou aquela plataforma.

A partir do estudo de diversos casos clínicos, associado à nossa análise das dinâmicas de troca nas redes sociais virtuais construída nos últimos anos, podemos afirmar que a conjugação desses fatores estimula a regressividade e o estabelecimento de narrativas delirantes em muitas *redes sociais parciais*. Seus membros, como os antepassados na Idade Média que se percebiam entregues às incompreensíveis forças da natureza e aos desígnios divinos, se veem em um mundo artificial, com novos deuses, avatares e ritos. Um amplo universo de imprevisibilidades que, introjetado, cria as condições que tendem a aumentar a probabilidade do retorno do reprimido.

Muitos discursos que poderiam ser definidos como os de um psicótico e que circulavam há anos em pequenos nichos de delírios, geralmente originados em antigos fóruns de debates que se deslocaram para a *deep web*,[33] voltaram recentemente à *surface web*,[34] agora massificada, difundindo-se por fatias numericamente expressivas do senso comum.

---

33 Criada com o desenvolvimento do *The Onion Routing* (TOR), pela Marinha dos Estados Unidos. As páginas e os fóruns não são indexados em serviços de busca, como o Google, e permitem o completo anonimato de quem navega. Portanto, é composta de conteúdos dificilmente acessados pelo grande público. A imensa maioria desses conteúdos não são ilegais, como se acredita. Esta fração da *Deep Web*, onde o anonimato e a criptografia são ainda maiores e veiculam trocas, transações e fluxos ilegais e criminosos, chama-se *Dark Web*.

34 Conteúdo indexado e acessível a todos os que possuem uma conexão. Em 2019, estima-se que existam 130 trilhões de páginas indexadas.

Não é coincidência que tais narrativas delirantes tenham se espalhado, de forma preocupante, associadas às teses de uma extrema direita globalizada que se organizou após a crise econômica de 2007. Nas bocas de pessoas comuns[35] começaram a surgir frases como: "as vacinas matam", "o homem jamais foi ao espaço", "as ditaduras latino-americanas não foram ditaduras", "o nazismo é um movimento de esquerda", "o Holocausto não existiu" e "a Terra é plana".

Todo um consenso em torno de questões sensíveis à estrutura social nos mais variados contextos locais quebrou-se para muitos que, na internet, em contato com longas teorias delirantes e retóricas desprovidas de qualquer lastro empírico, sentiram-se revigorados ao "descobrirem" tramas ocultas que "o mundo desconhece". A sensação de empoderamento nesses indivíduos e a sua organização na sociedade não deixa de ser uma resposta ressentida ao reconhecimento que esse mesmo mundo lhes nega em outras esferas socioeconômicas.

Certamente, em uma conjuntura de crise econômica mundial associada à franca expansão das novas tecnologias que lhes parecem tirar o pertencimento, o terreno se torna fértil para a somatória de pequenas verdades que, buscando recriar uma coerência perdida naquilo que não mais se compreende, estabelecem grandes mentiras. Para essas pessoas não adiantam provas, documentos e todo o material literário e científico produzido pelas mentes mais brilhantes da história da humanidade. Tudo não passa de uma grande enganação da qual se libertaram.

Não poderia haver exemplo melhor de como é possível aliviar-se e desimplicar-se das próprias responsabilidades ao redirecionar todos os pensamentos e sentimentos destrutivos sobre si para a sociedade.

2.3.3. A "DESESTRUTURAÇÃO"

O que se apresenta às massas, portanto, é a consequência dessa relação de alienação de cada indivíduo com a tecnologia, sobretudo em ambientes virtuais, onde o *ser* relaciona-se com o *outro* através de um *ter* tecnológico.[36] Alienado e apartado do conhecimento mínimo sobre o terreno no qual caminha, através dessa modalidade do *ter*, catapul-

---

35 *Eichmann em Jerusalém: um relato sobre a banalidade do mal.* O livro de Hannah Arendt se faz fundamental para compreendermos esse antigo-novo fenômeno de como o discurso de ódio, articulado a partir de falsas premissas, penetra no tecido social por meio do cidadão comum.

36 *Likes*, visualizações, comentários, o celular da moda, um jogo, um *gadget*, um aplicativo, o contato público com uma celebridade etc.

tado por suas fantasias, o *ser* sustenta-se nos ambientes virtuais aferrando-se ao pouco que sabe e descobre para não se perder na malha imprevisível dos estímulos e "acontecimentos" na *rede social global*, cada vez mais compreendida como a *rede social virtual global*.

Desta forma, remetidas a interesses escusos, financeiros e políticos, doses substanciais de artificialidade desse *ter* tecnológico passam a constituir o *ser* que navega na internet, mas que também vai à padaria. Todo um universo aparentemente caótico, inesgotável e artificial – porque criado, racionalizado e operacionalizado em uma infraestrutura física que visa a certos interesses particulares – é naturalizado, e a consequência dessa interiorização é tomada como a sua causa.

Por exemplo, os relatos crescentes de crianças que preferem brincar com os amigos distantes, cada um em sua casa, através de um videogame, revelam a consequência da naturalização do que é artificial e não a sua causa. A causa poderia ser porque, talvez, os pais estão cada vez mais ausentes devido ao trabalho excessivo, precarizados em suas condições, ou devido às suas próprias imersões em suas relações e existências virtuais. Poderíamos investigá-la também enquanto um efeito da redução dos espaços públicos e de fomento à sociabilidade presencial ou, ainda, relacionada à violência urbana.

Essa inversão da consequência pela causa faz com que o trânsito social no mundo físico, tido como o "real", perca força diante do trânsito social no mundo virtual. Este último, que na verdade é a fonte da sensação de desestruturação, mostra-se mais controlável, uma vez que a relação com o *outro* presumido e distante é intermediado por telas. Assim, novas práticas, hábitos e estéticas que originam-se da internet são percebidas como oriundas do mundo físico e a percepção de desestruturação social que, de fato, não existe, pode tornar-se real ao *ser*. Quando o indivíduo não consegue mais discernir o mundo virtual do real, o virtual tende a prevalecer, tornando o real uma extensão do caos contínuo, acelerado e imprevisível, promovendo, em muitos, a regressividade e em outros tantos uma sensação cavalar de angústia.

Portanto, são das vivências nas instâncias simbólicas do discurso e da estética que, entendemos, deriva a percepção, por parte de certos indivíduos, de desestruturação nas infinitas *redes sociais parciais* que compõem uma só *rede social global*. Não tanto devido a quais influências demonstram-se hegemônicas e de onde elas partem, mas, como as noções, em si, de hegemonia e homogeneização cultural suscitadas no hiperfluxo de imagens, ideias e interesses engendrados no globalismo representam para muitos uma desestruturação daquilo que acreditam lhes sustentar simbolicamente.

Do ponto de vista sociológico, a desestruturação não é concreta ou completa, e, por isso, merece aspas no subtítulo. Ela é parcial e circunscrita à percepção de muitos indivíduos em seus mecanismos de reconhecimento, o que a torna possível e concreta em certos sujeitos, sob uma leitura psicanalítica. Em outros termos, não há uma ruptura do capitalismo, ou, ainda, da modernidade, mas, sim, o seu aprofundamento gerando novas formas de prazer e sofrimento no indivíduo. Esse aprofundamento só foi possível devido ao alargamento e ao reposicionamento do *status quo*.

Com o nexo social parcialmente interditado, espaços públicos, simbólicos e objetivos de representatividade política e social reduzidos e trabalhos cada vez mais precarizados, a aparente solução de trabalhar, consumir, existir, *ser e ser visto* protegido em uma virtualidade, passível de ser moldada como quisermos, tornou-se tentadora.

Em suma, a percepção de desestruturação se retroalimenta quando o indivíduo precisa se apegar ao pouco que conhece, se proteger e se reconhecer intermediado pelo *ter*. Seu espaço "público" de contato com o *outro*, logo, de reconhecimento, tornou-se cada vez mais o ambiente propiciado por empresas que intermediam relações sociais a partir dos seus interesses e algoritmos. Esse "local" mais seguro é o macroambiente da internet e das redes sociais virtuais.

Nisso, só poderiam ser esperadas as disputas, cada vez mais violentas e nutridas de ódio, entre certas *redes sociais parciais* que tentam reorganizar os seus campos simbólicos, discursivos e identitários, em *redes sociais parciais virtuais*, propagando suas ideologias e visões de mundo e buscando angariar novos adeptos que estariam muito distantes e em outros enredos na rede social. Retomaremos esse tema adiante.

Esse amplo cenário mostra como o grande organismo funcionalista – que tenderia ao equilíbrio – encontra-se em um paroxismo, numa convulsão que revela a insuficiência teórica da abordagem sistêmica na análise das novas manifestações sociais que atestam o seu desequilíbrio. O que nos leva a distinguir alguns aspectos importantes.

3. A CUSTOMIZAÇÃO IDENTITÁRIA COMO RESPOSTA AO DESENRAIZAMENTO

> No fim do século XVIII e, em especial, às vésperas da Revolução Francesa, a melancolia surgiu como o grande sintoma do tédio destilado pela velha sociedade. Parecia tanto atingir os jovens burgueses, excluídos dos privilégios conferidos pelo nascimento, quanto os decaídos na escala social, que haviam perdido todos os referenciais. Grassava também entre os aristocratas ociosos, privados do direito de fazer fortuna. Tédio de felicidade, felicidade do tédio, sentimento de derrisão ou aspiração à felicidade de superar o tédio, a melancolia funcionava como um espelho onde se refletiam a falência geral da ordem monárquica e à aspiração à intimidade pessoal (...).[37]

Voltemos às palavras de Barnes, quanto à importância do conceito de *rede social*.

> Este fato é de considerável importância prática para o estudo de sociedades pelas técnicas tradicionais da antropologia social, quando tentamos familiarizar-nos com um número limitado de pessoas, a quem observamos interagindo uns com os outros em uma variedade de papéis. **Em uma sociedade moderna, cada indivíduo tende a ter um público diferente para cada um dos papéis que desempenha.**[38]

A formulação da ideia de que a sociedade moderna de então ofertava públicos distintos para cada *papel* que o indivíduo desempenhava surgiu muito antes dos debates acerca das identidades culturais,[39] que viriam décadas depois. Em termos conceituais, seria grosseiro estabelecer que Barnes se referia ao que, hoje, compreendemos como as identidades, mas podemos intuir que ele entendia os papéis desempenhados por um indivíduo enquanto práticas e elementos pertencentes à sua identidade.

No período anterior ao globalismo, o pertencimento, as críticas, enfrentamentos e negações do *status quo* surgiam da busca do *ser-reconhecido* enraizado em uma determinada sociedade mais delimitada simbolicamente, ainda que já houvesse inúmeras trocas com outras sociedades. Em um dia comum, alguém dificilmente interagiria com mais de vinte ou trinta pessoas. Era um "mundo" aparentemente mais previsível e depositário dos sentidos de autoridade por meio das instituições. Estas, por sua vez, eram mais rígidas e sólidas, como a famí-

---

37 ROUDINESCO, Elisabeth; PLON, Michael, 1998, p. 506.

38 BARNES, 1954, p. 44, tradução e grifos nossos.

39 HALL, 2003; ANDERSON, 2008.

lia, a escola, a polícia, a igreja, a câmara, a prefeitura, a universidade etc. As identidades eram mais autoevidentes e fixadas em relação aos corpos, à estética, às condições e práticas em uma determinada comunidade. Assim, elas eram mais próximas das próprias instituições e, ainda que sob falsos consensos, partilhadas coletivamente, como que transitando sob um olhar único e comum.

De tal forma, que os papéis desempenhados pelos indivíduos, para além das funções categorizadas e hierarquizadas sob parâmetros morais mais rígidos e excludentes, compunham em cada um deles um sentido único que autorizava ou desautorizava a partilha de certos espaços simbólicos. Nesse sentido, as identidades se sobrepunham àquela nuclear, que empenhava a moral na ética do trabalho, a função social, que nos preconceitos e na comunhão dos diferentes, soavam como: a advogada branca casada, o jovem padre negro, o camponês, o velho policial solteiro, a professora de química gay, o pobre gari trabalhador e pai de três filhos, o fazendeiro rico, a funcionária pública divorciada e mãe de duas filhas, o deputado, a dona de casa viúva, o médico, torcedor do Corinthians e avô. Todos os papéis, ou elementos identitários, reunidos sob outras identidades, como a católica, a evangélica e a brasileira, por exemplo.

Ainda, esses universos simbólicos, entre partilhas e disputas, vinculavam-se mais fortemente aos marcadores geográficos, estabelecendo suas organizações também em função dos limites da rua, do bairro, da cidade, região, província, estado, país e continente. Os horários diferentes no fuso, associados ao caro acesso aos meios de transporte mais velozes, estabeleciam um compasso cotidiano mais próximo dos ciclos naturais, das práticas e dos acontecimentos que tornavam única a experiência em um determinado contexto sociocultural.

Por isso, em um cotidiano social, a importação, o surgimento ou a criação de novos elementos que alterariam tais dinâmicas substancialmente eram mais raras. As mudanças nas relações e nos costumes, bem como as transformações na paisagem urbana ocorriam mais lentamente e reproduziam-se mais nitidamente traços da história daquele lugar em suas passagens mais belas e horrendas, pacíficas e violentas, entre acordos e disputas em torno das narrativas e práticas que orientavam o *status quo*.

Evidentemente, a busca do indivíduo pelo reconhecimento expressava-se através das transgressões e rupturas referenciadas a um *outro* que compartilhava, basicamente, o mesmo espaço e o mesmo tempo, além de certos aspectos identitários.

Com a consolidação do globalismo, da internet, o avanço das novas tecnologias e a onipresença da lógica do consumo, os limites potenciais do pertencimento foram amplamente expandidos, contudo, desatados dos parâmetros físicos e geográficos. De tal modo que essa dissociação promoveu um princípio de homogeneização cultural em uma estética globalizada que, aparentemente, ocasionou a redução dos espaços simbólicos locais e regionais, além de um achatamento da percepção temporal a um imediatismo contínuo, artificial e ilusoriamente desvinculado dos ciclos naturais. Assim, na vastidão simbólica planificada e unificada pelo ambiente virtual, as potencialidades de reconhecimento e pertencimento fizeram com que a negação e a transgressão perdessem força e parte do seu sentido.

Não seria por outra razão que esses enfrentamentos adquiriram o caráter de afirmativos. A busca do *ser-reconhecido,* parcialmente interditada na esfera social, em meio à globalização encontrou, através do *ser-ter-reconhecido*, uma linguagem. Ou seja, enfraquecido, o nexo social cedeu ao fortalecimento do nexo entre o indivíduo e a posse de algo que, por sua vez, fixou-se no limite mínimo do reconhecimento: a identidade.

Mais uma vez, reiteramos que não há um ineditismo nesse processo, mas, sim, que ele revela a manifestação de um efeito cujo alcance tornou-se infinitamente maior com a intensificação da globalização.

Em nosso entendimento, é nesse ponto – referente aos enfrentamentos afirmativos – que, ainda que unificados pela sociedade de consumo, recentemente voltamos a notar um forte conflito entre as gerações. A busca pelo reconhecimento dos indivíduos das gerações que cresceram nas décadas de 1970, 1980 e 1990 aparentemente se distanciou da busca das gerações mais recentes, que possuem acesso abundante às novas tecnologias desde o nascimento ou, minimamente, foram condicionadas pelos seus impactos.

Se naquelas anteriores, questionadoras das estruturas sociomorais erguidas do pós-guerra, o alvo era o sujeito iluminista, cartesiano, mais rígido e moderno,[40] no sentido estrito do termo, nas gerações mais novas, constituídas de filhos e netos das anteriores e, portanto, criadas a partir de pressupostos menos limitados e repressivos no globalismo, o "alvo" da revolta encontra-se fragmentado.

O que todo jovem sempre buscou e busca é a identificação. É ela quem permite que, aos poucos, ele faça incursões em universos sim-

---

40 HALL, op. cit.

bólicos diferentes daquele familiar no qual foi criado. A identificação promove a necessária sensação de pertencimento a determinados grupos que o sustentam socialmente enquanto não se consolida a personalidade adulta.

O conflito geracional, atenuado na década de 1990, recolocou-se com força a partir do novo milênio porque o reconhecimento, outrora buscado pela crítica e pela negação daquilo do *status quo local* com o qual os jovens não desejavam se reconhecer, passou a ser buscado mais intensamente através da afirmação daquilo *do status quo global* com o qual cada jovem se identifica.

Se, para o adulto de hoje, a busca pelo reconhecimento estrutura-se ainda de maneira prevalente a partir da negação daquilo que ele não deseja, para o adolescente e o jovem das décadas de 2000 e 2010, tal busca revela muito mais a necessidade de afirmar aquilo que ele deseja. Tal afirmação imperativa, que qualquer mãe e pai poderiam atestar em qualquer tempo, desde os primórdios da humanidade, tornou-se uma manifestação prevalente no conflito geracional no novo milênio, fundamentalmente porque as gerações que nasceram e cresceram no consumismo e com as novas tecnologias não identificam certos marcadores e referenciais repressivos.[41] De tal forma, os seus desejos oscilam na velocidade dos gráficos da bolsa de valores. Na busca pelo reconhecimento, a abundância e a facilidade de acesso aos possíveis desejos e campos de pertencimento demanda, antes de qualquer negação, afirmá-los.

Diferentemente das lutas pelos direitos civis que remontam às décadas de 1960 e 1970, no globalismo, o reconhecimento afirmativo viu-se atado às noções e dinâmicas de uma sociedade de consumo muito mais flexível e preparada para se adequar às possíveis negações do *status quo*.

De forma bastante genérica e simplista, podemos dizer que identificar-se significa incorporar no Eu o objeto desejado. Consumir o próprio desejo. Seja ele de bens ou ideias. Consumo este que, muito anterior às noções de consumismo e ostentação que discutimos anteriormente, consolidou-se no novo milênio como um ato necessário ao reconhecimento do sujeito pela via das identidades culturais. Porque se, anteriormente, a identidade estruturava-se a partir da função social, sobreposta por aspectos imutáveis, como o sexo de nascimento, a nacionalidade ou

---

41 Repressão, aqui, subentendida nos termos da psicanálise freudiana.

a cor da pele – e outros raramente móveis na sociedade de então, como o gênero, a ideologia, a religião ou o time de futebol –, paulatinamente ela passou a incorporar o dinamismo da sociedade globalizada.

Dessa feita, ela passou a ser customizada, composta, combinada e recriada entre aspectos imutáveis e intercambiáveis, fazendo com que a cor da pele ou o sexo com o qual se nasce sejam apenas mais dois traços em meio a tantos outros adquiridos, desejados ou abandonados em curtos espaços de tempo ou para o resto da vida. Traços identitários, ou papéis, que perfazem e comunicam a singularidade do indivíduo que busca se reconhecer, *ser reconhecido* e se diferenciar das massas de consumo.

Algo amplamente libertador e positivo ao indivíduo, mas que contribuiu socialmente para que outros passassem a se sentir desnorteados com tamanha liberdade. Assim, instaurou-se novamente um conflito geracional beligerante.

Todavia, sob pena de nos restringirmos a um pobre determinismo temporal, não podemos tributar às diferenças entre as gerações toda a sorte de conflitos bélicos que notamos. Afinal, para além da idade e da geração, as oposições e os embates se colocam para todos no campo da experiência subjetiva dentro da própria geração. Assim, formam-se eixos históricos que, à revelia dos marcadores temporais mais próximos, promovem identificações de ideias, ideais, visões de mundo e de experiências particulares apartadas por décadas ou séculos.

Não poderia ser diferente na contemporaneidade, em relação às lutas identitárias que têm incomodado muitos que reconhecem nelas a origem da desestruturação que propalam aos ventos. Isso ocorre porque o sólido edifício das instituições e das identidades que lhes foi apresentado vincula-se muito estreitamente ao que lhes é moralmente aceitável, certo e errado, no *outro*. Edifício este que começou a apresentar rachaduras aparentes, demandando dos indivíduos no globalismo, antes de proposições e julgamentos morais, princípios éticos.

Por exemplo, as crescentes e inúmeras discussões de gênero que se contrapõem à regressividade dos discursos, geralmente alinhados aos fundamentalismos religiosos, tornaram-se profundamente assustadoras para certas pessoas que não compreendem a distinção entre sexo, sexualidade e gênero. Ao que parece, elas intuem que esse debate está no bojo das identidades móveis, mas não aceitam a sua mobilidade, porque essa mobilidade é percebida como a derrocada dos seus próprios universos.

Por sua vez, ao sujeito do globalismo que está completamente inserido nessas novas trocas, as esferas simbólicas de reconhecimento tornaram-se consumíveis e, por isso, aparentemente ampliaram-se exponencialmente junto com as novas tecnologias e o hiperfluxo de imagens, palavras e ideias. Como vimos, essa aparente ampliação refere-se a uma interdição parcial de um reconhecimento local, histórico e social em detrimento de um individual, que independe do tempo e do espaço presente. Esse processo também faz parte daquilo que chamamos de estética do consumo e guarda semelhanças, apesar de ser distinto, com o consumismo e a ostentação. Ele revela-se cada vez mais fundamental a um amplo espectro da população mundial, diferentemente dos dois anteriores.

A esse indivíduo, a nacionalidade diz tanto quanto o hábito de consumo. A identidade que o constitui e o precede não é mais segura que aquela que é necessária, escolhida ou desejada. Para ele, o fato de ser brasileiro, ou austríaco, não o posiciona, nem comunica a um *outro* indivíduo mais do que o fato de ser um consumidor da Apple, ou uma mulher *cis*, ou um homem *trans*, ou um fã das lutas do UFC, dos filmes do Fellini e do Tarantino, um seguidor que acompanha a vida de uma celebridade qualquer ou o fato de mostrar-se um defensor ativo do meio ambiente e investidor da bolsa de valores.

Além disso, a estética do consumo, ao fomentar uma certa homogeneização dos ambientes locais, fez do global um campo de disputas e concorrências que envolve práticas, costumes e os próprios corpos. Corpos que passaram a ser instâncias da expressão da busca pelo reconhecimento, da transgressão sem alvo e, ao mesmo tempo, uma boia de salvação ao sujeito enfraquecido em sua história coletiva. Corpo como obra de arte, tela de inúmeras combinações estéticas, customizações de estilos e gestos que fazem viver, reviver e renascer o sujeito em sua trajetória individual.

Cabe ressaltar que esse processo que poderíamos chamar de descentramento, ou o deslocamento do sujeito moderno, é a continuidade daquilo que nos referimos no capítulo I, nos termos da epistemologia, como o surgimento do sujeito histórico na estrutura social. Nesse sentido é que podemos estabelecer os dois tempos que perfazem a sua eclosão completa *na (da)* estrutura, divididos pela consolidação do globalismo.

Antes, a negação de certos traços e comportamentos na cultura implicava no fato de que havia uma identificação parcial com a estrutura vigente e que esta, sob muitos outros aspectos, oferecia uma sustentação sólida a esse sujeito que emergia, transgredia e transitava pelos seus relevos, orientado fundamentalmente pelos seus aspectos repressivos. Atualmente, à revelia das diferenças entre gerações, a necessidade de afirmação de certos traços e comportamentos implica no fato de que há uma grande dificuldade de se reconhecer na estrutura social vigente. Isso é, propriamente, o *desenraizamento*.[42] Um fenômeno social introjetado e percebido no indivíduo, que pode ser compreendido sociologicamente tanto como o seu descolamento da estrutura social, quanto como a sua completa identificação com ela, uma vez que ele tem dificuldades em se reconhecer porque tem dificuldades para reconhecê-la.

Em suma, o desenraizamento refere-se ao arcabouço de sentimentos que brotam da lacuna do reconhecimento, originada de determinadas noções e ritos sociais que anteriormente emprestavam muitos sentidos à vida social, mas que deixaram de ser reconhecíveis e eventualmente praticados no globalismo do século XXI. Sobretudo, com a popularização vertiginosa das redes sociais virtuais, que consolidaram uma nova era do individualismo e do consumismo. Nesse cenário, emulando dinâmicas próprias da sociedade de consumo, a customização identitária tornou-se uma necessidade, um recurso à sobrevivência de muitos indivíduos.

O surgimento desse sujeito, ou o descentramento do sujeito moderno, portanto, completa-se na estrutura social nesse segundo momento, quando ele se percebe desenraizado. Quando se vê na vastidão simbólica do globalismo sem a sustentação anterior, interditado parcialmente em seu *ser* quanto ao nexo social, relegando a sua narrativa social a um segundo plano, em favor da sua experiência particular. Essa expressão do *ser*, mediada intensivamente pelo *ter*, leva à desconstrução do seu pertencimento porque carece – na repetição contínua de sua busca por reconhecimento através da efeméride consumista – do perspectivismo local, social, histórico e temporal. Assim, o sujeito histórico dá lugar ao *sujeito entrópico*.

Pretendemos mostrar nessa seção como, socialmente, as articulações, relações, reorganizações e construções em uma rede social – que

---

42 Utilizamos 'desenraizamento' de maneira distinta daquela que conceituou o 'enraizamento', a filósofa Simone Weil. *O enraizamento*, 2014. A francesa se valeu do par conceitual para descrever e refletir sobre as condições dos operários franceses na primeira metade do século XX. Recomendamos vivamente a sua obra.

sempre existiram, nos moldes dos estudos de Barnes – tornaram-se ainda mais complexas, conforme as sociedades modernas, paulatinamente, vêm perdendo as suas fronteiras no globalismo.

Atualmente, as *redes sociais* e as *redes sociais virtuais* são praticamente indistinguíveis. Todavia, se nos atentarmos bem, elas guardam diferenças bem delineadas e muito importantes para serem negligenciadas.

4. REDE SOCIAL VIRTUAL

> Em *O futuro de uma ilusão*, eu estava menos interessado nas fontes profundas do sentimento religioso do que naquilo que o homem comum entende como sua religião, o sistema de doutrinas e promessas que de um lado lhe esclarece os enigmas deste mundo com invejável perfeição, e de outro lhe garante que uma solicita Providência valerá por sua vida e compensará numa outra existência as eventuais frustrações desta.[43]

Investigamos um amplo panorama que compreende um período de quase oitenta anos, desde a conceituação de rede social até a massificação das redes sociais virtuais. A partir daqui nosso recorte pretende conectar os extremos, recolocando a questão instigada no primeiro capítulo: em que medida as relações que existiam efetivamente em 1940 são distintas daquelas que existem efetivamente hoje?

Do ponto de vista social, as implicações do mundo "real" sobre o virtual não precisam ser defendidas (ainda), uma vez que circulamos com nossos corpos, em nossos papéis, sujeitos às implicações físicas, orgânicas e viscerais, nos quais os fluxos e as vivências dos indivíduos no chão firme ainda preponderam sobre as experiências nas redes sociais virtuais. Também, o inverso não deixa de ser verdadeiro para tantas pessoas, como buscamos demonstrar anteriormente. Entendemos que, para elas, em muitas instâncias simbólicas de trocas, representações, reconhecimento e das identidades, o mundo globalizado virtual parece, cada vez mais, preponderar sobre o mundo físico. Isso justifica nosso intento, na presente seção, de distinguir as redes sociais das redes sociais virtuais, por mais que isso pareça óbvio para alguns e impossível para outros.

Ao retomarmos a exemplificação de Barnes, talvez, a nossa tarefa se mostre menos árdua.

> Em termos da nossa analogia de rede, na sociedade primitiva muitos dos caminhos possíveis afastando-se de qualquer *A* leva de volta a *A* depois de algumas ligações; na sociedade moderna, uma proporção menor leva de volta a *A*. Em outras palavras, suponha que *A* interage com *B* e que *B* interage com *C*. Então, em uma sociedade primitiva, as chances são altas de que *C* interaja com *A*, em uma sociedade moderna, as chances são menores.[44]

---

43 FREUD, Obras Completas, v. 18, p. 26-7, grifo do autor.

44 Barnes, loc. cit., tradução e grifos nossos.

Precisamos relembrar que a sociedade moderna a que ele se referia é aquela do sujeito moderno, iluminista, europeu, referenciado a um *outro* próximo, que se desdobrava em um universo urbano local, quando as práticas e hábitos, ainda que cosmopolitas, seguiam um tempo mais próximo dos ciclos da natureza, fosse no trabalho, no descanso ou no lazer. Nela, a distância entre *A* e *C* – por mais que fosse maior do que aquela nas sociedades ditas primitivas – ainda estava delimitada por um relevo simbólico sustentado em instituições sólidas e identidades culturais mais fixadas. Um mundo exclusivamente "real", que delimitava mais explicitamente os contextos culturais, oferecendo mais fortemente ao indivíduo narrativas socio-históricas que o estruturavam a partir de um lastro coletivo de pertencimento.

4.1. A DINÂMICA ENTRE AS REDES SOCIAIS PARCIAIS NO MUNDO FÍSICO

No sociograma abaixo recriamos o exemplo sugerido por Barnes, citado no primeiro capítulo, de uma *rede social parcial* de segunda ordem de *Alfa*, com uma pequena adição.

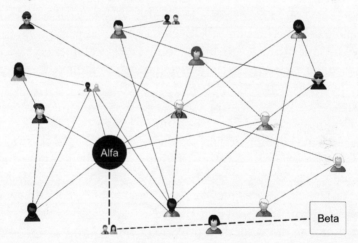

Nela, destacamos a ligação com *Beta*, pois ele é o único nó de terceira ordem de *Alfa*. Os demais são de primeira ou segunda ordem. Isto é, a relação entre *Alfa* e *Beta* perpassa por dois outros nós. Esse é um esquema simplificado que nos serve à compreensão de como ocorre o intercâmbio entre *redes sociais parciais*.

Iremos supor que as ligações de primeira ordem entre quaisquer nós nesta rede parcial de *Alfa* representem o simples fato de que um nó conheça o outro e ambos se influenciem, e que as relações indiretas, entre nós de segunda e terceira ordem, representem a distância da influência de *Alfa* e em *Alfa*.

Beta, o único nó de terceira ordem de *Alfa*, certamente possui outras ligações em sua própria *rede social parcial*, assim como os dois nós intermediários, mas, por fins didáticos, estas não interessam ao nosso exemplo.

O importante, para nossa análise, é que indiretamente, nesta relação intermediada por dois nós, *Alfa* e *Beta* influenciam um ao outro e não possuem, no caminho da sua relação, nenhum outro nó que se ligue à *rede parcial* de *Alfa*, a não ser o próprio *Alfa*. Ou seja, é como se saísse um braço da rede, uma vez que eles são nós que escapam do *núcleo* da *rede social parcial de segunda ordem* de *Alfa*.

Por *núcleo* nos referimos à porção da malha social mais próxima de *Alfa*. Exemplificando, poderíamos assumi-lo como a composição de pessoas íntimas de *Alfa*, que têm influência entre si e se conhecem.

As relações que compõem o caminho entre *Alfa* e *Beta* são fundamentais, pois representam forças externas que implicam ou desimplicam o sentimento de pertencimento de *Alfa* em relação ao *núcleo*, bem como a maior ou menor aceitação de *Alfa* por parte desse mesmo *núcleo*. Isto é, a influência em *Alfa* do seu contato com ideias, práticas e hábitos compartilhados com nós mais distantes e alheios ao *núcleo* impacta as noções associadas ao pertencimento simbólico de *Alfa* junto ao *núcleo* da sua *rede social parcial*.

Assim, essas trocas passam a ser remetidas, também, a parâmetros mais longínquos e desconhecidos dos demais nós do *núcleo*. Dessa forma, podemos compreender como a *rede social parcial* de *Beta*, bem como as *redes sociais parciais* dos nós que o separam de *Alfa* – que não estão retratadas em nosso exemplo –, influenciam, através de *Alfa*, o *núcleo* da sua *rede social parcial* e, ao mesmo tempo, são influenciadas por ele, também através de *Alfa*.

Esse intercâmbio simbólico funciona como um pulso social. Algo que fica mais nítido quando pensamos que as relações que envolvem um *Alfa* qualquer o amortecem em uma malha social formada, por exemplo, por sua família, amigos ou comunidade. Essa malha, ou o *núcleo* de sua *rede social*, no mundo "real" tende a protegê-lo de um *outro* distante e desconhecido. Em contrapartida, essa mesma malha pode reprimir *Alfa*, no caso dele tornar-se uma ameaça para a sua coesão sob influências "de fora", "dos outros", de pessoas "más", "perigosas" ou qualquer outro adjetivo que vise demonstrar repulsa a tais ações em face da manutenção do *status quo* naquela rede parcial.

A dinâmica das trocas entre *redes sociais parciais*, apesar de dificilmente ser percebida no nosso cotidiano, mostra-se uma dança simbólica fundamental para a vida em sociedade, revelando o compasso da coesão e o descompasso dos conflitos entre grupos, etnias, famílias, regiões, cidades, países etc. Determinados traços, hábitos, ideias, práticas e outras influências de uma determinada rede social podem ser recriminadas, hostilizadas, violentadas, ignoradas, ou mesmo admiradas, reinterpretadas e incorporadas por parte de uma outra rede social.

Dessa forma, múltiplas *redes sociais parciais* orquestram uma ópera permanente, executada por uma só *rede social global*. Esse é o avanço trazido pelos estudiosos das redes sociais: a visualização e a interpretação de relações e trocas que ocorreram, continuam ocorrendo e sempre ocorrerão em uma zona alargada que extrapola a organização social configurada a partir das instituições dos Estados modernos.

Todavia, esse campo do conhecimento tornou-se muito mais complexo com a popularização da internet e, mais especificamente, das redes sociais virtuais.

4.2. REDES SOCIAIS VIRTUAIS, INFANTILIZAÇÃO E PRIVACIDADE: A QUEBRA DO LIMITE ENTRE O PÚBLICO E O PRIVADO

Websites, e-mails, os primeiros fóruns de debate e o IRC já haviam alterado algumas relações no início dos anos 1990. Porém, o alcance dessas tecnologias não era global. Ainda eram raros aqueles que podiam navegar na internet, utilizar o ICQ ou acessar o *classmates.com*.[45] Em menos de dez anos, entre 1995 e 2005, a estrutura racionalizável da tecnologia expandiu enormemente e junto com ela vieram o Google e plataformas como o Fotolog, blogues, o MSN, o Orkut, o Facebook, entre outras. Serviços utilizados, majoritariamente, por adolescentes e jovens que, em poucos anos, tornaram-se adultos. Eles viram a antiga diversão com hora marcada se transformar em um imperativo da vida adulta com o surgimento dos *smartphones*.

Essa foi a década do desengate abrupto – como nos referimos anteriormente, quando houve a clivagem entre jovens e adultos das classes mais abastadas – referente ao surgimento e à aplicação das novas tecnologias. Algo recorrente na história da humanidade que, todavia, dessa vez inverteu-se. Se, na longa trajetória social da humanidade, tudo nos leva a crer que cada grande avanço tecnológico foi capitanea-

---

45 Considerada a primeira rede social virtual.

do, avaliado e administrado pelo universo adulto, dessa vez, de forma inédita, a orientação de tamanhas transformações coube aos adolescentes e jovens.

Caso essa hipótese esteja correta, entre tantas implicações dessa inversão, positivas e negativas, ela justifica como o pressuposto libertário, herdado da contracultura, de uma internet gratuita, criativa, sem amarras, que conectaria a humanidade, transformou-se também em uma prática corporativa, cujas ações muitas vezes refletem transgressões inconsequentes que afetam a vida de bilhões de pessoas, uma excentricidade niilista, um poder financeiro desmedido e a arrogância diante da sensação de impunidade.

Talvez tal inversão explique, mais especificamente, como as redes sociais virtuais se transformaram com o passar dos anos. De espaços leves de conexão e trocas com amigos, para espaços da intolerância, da mania, da falsa perfeição, da ostentação, da autoafirmação e da exposição excessiva da intimidade para desconhecidos. Evidentemente, podemos associar todos esses predicados a uma atitude infantilizada. O descomprometimento diante das responsabilidades, privações e enfrentamentos da vida adulta, associado à insegurança, pode ser percebido quando nos atentamos a certos aspectos do funcionamento das redes sociais virtuais.

Nelas, a compreensão de quaisquer parâmetros das relações em função da distância entre dois nós na rede social foi radicalmente alterada. Subtraídas as distâncias e o ambiente concreto do contexto de pertencimento, restaram ao psiquismo as fantasias e a necessidade neurótica de somatizar tais conflitos. As chances de interação entre *Alfa* e *Beta* tornaram-se muito maiores quando essa possibilidade pôde ser emulada no pantanoso terreno dos algoritmos. Porque a própria noção de interação foi ressignificada, já que deixou de pressupor a presença física, permitindo um aumento vertiginoso do número de interações possíveis em um único dia. Na busca pelo *existir*, *ser visto* e *reconhecido* o saldo desse aumento foi percebido por uns como um ganho e por outros, em um falso paradoxo, como uma perda.

Perfis de conhecidos em potencial são sugeridos diariamente. Pululam grupos de WhatsApp – em que somos adicionados muitas vezes à revelia –, onde os convivas não necessariamente interagem com frequência no mundo físico ou mesmo se conhecem. Desse modo, algoritmos escritos em algum laboratório, mediante propósitos estritamente racionais, técnicos e em função de interesses financeiros e políticos, moldam o humor, as paixões, os afetos e redirecionam experiências particulares, relações e práticas sociais.

É o que ocorre com a interação virtual entre quaisquer *Alfa* e *Beta*. Tanto aos nós associados a *Alfa* quanto aos que possuem um caminho até *Beta*, é possível que saibam da existência da relação entre ambos. Isso pode soar como algo banal a um observador desinteressado, mas para o olhar interessado de um terceiro, a própria ciência da existência ou inexistência de uma determinada relação social no âmbito da internet já é preenchida de significações e fantasias. O alcance público do conteúdo e das trocas entre *Alfa* e *Beta* depende, até certo ponto, das vontades e das tantas configurações de privacidade de ambos. Entretanto, tais dependências são completamente desproporcionais entre si e apontam para o processo, discutido anteriormente, da alienação das massas sobre os sentidos e potencialidades das novas tecnologias no condicionamento das suas vidas públicas e privadas.

O desejo de interagir para *ser-ter-reconhecido* e publicar algo é profundamente estimulado e simples: basta escrever e clicar em um botão. Quanto aos termos de uso e às configurações e suas múltiplas opções, em geral, são ignorados, desconhecidos ou complicados demais para a imensa maioria dos usuários. Ainda que, em princípio, seja dada a importância devida à privacidade, logo ela é diluída no mar de publicações que chamam a atenção e demandam uma interação. A preocupação e a crítica deslocam-se, assim, da forma para o conteúdo, devido ao imenso volume de confissões, chamamentos e pessoalidades que passam diante dos olhos do usuário todos os dias.

Na experiência cotidiana do sujeito inserido nas redes sociais virtuais, de maneira abrupta, ocorreu um afrouxamento do limite entre o público e o privado. Manifestação análoga ao desenraizamento e à noção de desestruturação que expusemos anteriormente. Uma interação entre duas pessoas que poderia ser vista, mas não ouvida ou compreendida por alguns, por exemplo, em um restaurante, passou a ser vista, lida, acompanhada em seus detalhes por centenas, milhares ou milhões de pessoas. Conversas e trocas que, agora, são sedimentadas em uma linguagem infantilizada, abreviada, através de curtidas, *emojis*, *memes* e palavras escritas que emanam emoções complexas, intenções e catalisam as fantasias, cada vez mais apartadas dos corpos.

Uma *rede social virtual* é um repositório de interações sociais que escapa ao mínimo controle daqueles que interagem entre si, como um parquinho cheio de crianças e sem adultos. Aqueles que sentem essas mudanças como um ganho são os que se percebem acolhidos e reconhecidos apesar da exposição demandada. Os que as percebem como uma perda, são os que não se adaptaram à quebra dos limites entre a vida social e a vida particular. Estes tendem a se sentir cada vez mais desprotegidos e insignificantes diante do turbilhão de trocas e significações que encontram diante de si.

4.3. A MERCANTILIZAÇÃO DAS RELAÇÕES NAS REDES SOCIAIS VIRTUAIS E AS BOLHAS

Indiferentes aos raios solares e com algumas variações entre si, ambientes virtuais armazenam toda e qualquer manifestação de *Alfa* para a própria rede de contatos e a deixa disponível, independentemente da presença do autor, o tempo todo. Em um exercício absurdo de imaginação, isso seria como se em cada esquina houvesse, permanentemente, os ecos do que foi dito por todos que passaram por ali. Ecos digitais que restarão on-line vinte, trinta, cinquenta anos depois. Ainda que a corporação, dona daquele espaço, interrompa os serviços e a mensagem não seja mais acessível, ela será negociada junto a outros terabytes de informação, metadados que jamais serão perdidos, associando autor e conteúdo, localização e interações naquela rede social virtual.

Manifestações, trocas e interações que evocam memórias boas ou desagradáveis de si e dos outros. Discussões, declarações, incoerências e contradições que não podem ser esquecidas e que, em perspectiva, rememoradas, relidas e reencenadas, embaralham as representações do sujeito no presente em linhas do tempo movidas a algoritmos que o condicionam cotidianamente. Palavras, momentos e transformações que antes, no mundo "real", estavam exclusivamente vinculadas a parâmetros orgânicos e mais sólidos da experiência subjetiva concreta, como: memória, repressão, esquecimento, tempo e privacidade.

Atualmente, os jovens que estão chegando à maioridade não conheceram o mundo sem os impactos provocados pelas redes sociais virtuais. São os nativos do mundo virtual. Deles, muitos compõem os cerca de 60% da população mundial que têm acesso à internet e utilizam com frequência o Facebook, o Messenger, o WhatsApp, Telegram, Twitter, Instagram[46] etc. Para eles, existir socialmente demanda uma

---

46 Dos usuários de internet, 93,4% utilizam pelo menos uma rede social virtual. As mais acessadas são (em bilhão de usuários): Facebook (2,9), Youtube (2,5), Whatsapp (2), Instagram (1,4), Wechat (1,2) e Tiktok (1). Ver KEMP, 2022, p. 99. .

vivência on-line. Assim, uma relação que existe efetivamente, ou realmente, necessariamente se dá também em uma *rede social virtual*.

O estabelecimento das redes sociais parciais no ambiente virtual propiciou uma reconfiguração destas, fazendo com que as possibilidades combinatórias dos encontros e desencontros entre os seus nós – membros, grupos ou coletivos institucionais – elevasse a complexidade das relações a um nível inimaginável em relação ao mundo físico. Assim, a noção da dominação burocrática weberiana, no que tange à ideia de calculabilidade de tudo, atingiu o seu ápice até aqui, com a coleta massiva e a análise dos metadados gerados pelos fluxos online. Algo que só foi possível por que nós nos tornamos os produtos.

Vejamos o sociograma anterior, agora com a inserção das novas tecnologias.

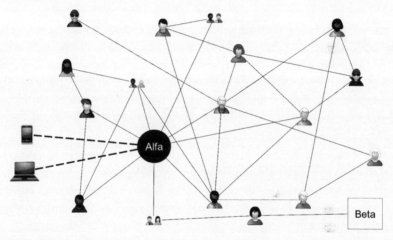

Dependendo do recorte, a representação de algumas redes também incorpora coletivos e instituições. Ou seja, um espaço de muitos indivíduos representados como um só nó que aglutina as diferenças em determinados símbolos e representações. A introdução de dois aparelhos eletrônicos em um sociograma, um *laptop* e um celular, objetos de fetiche na contemporaneidade, provavelmente pareceria um disparate para Barnes. Todavia, com fins unicamente didáticos, em nosso exemplo não deixa de ser pertinente assumirmos os aparelhos como componentes importantes na organização da rede, não somente como geradores de novos espaços de sociabilidade de *Alfa*, mas como transformadores da própria *rede social parcial*. Obviamente, eles não podem ser assumidos enquanto nós – pois não são indivíduos ou instituições –, mas podem ser interpretados como elementos terminais da *rede social parcial*. Se, sob as circunstâncias do mundo anterior à internet, eletrônicos não alteravam essencialmente uma rede social, agora eles o fazem, uma vez que, além de transformarem tais relações no mundo físico, ao deslocá-las para o novo ambiente, eles as expandem substancialmente.

Certamente, quase todos conhecemos alguém que não está on-line, mas, ao nos tornarmos usuários de alguma rede social virtual, percebemos que muitos dos nossos conhecidos estão lá. Além deles, é possível nos conectarmos com novas pessoas, uma vez que o ato de apresentar-se e ser apresentado a alguém não demanda mais a presença física de ambos. Eventualmente, tampouco é necessária a presença de algum nó intermediário para que encontros tão intensos quanto aparentemente fortuitos aconteçam, intermediados somente pelos algoritmos.

Em termos de comparação, com a popularização paulatina dos aparelhos de TV, as relações também mudaram, no sentido de que novas práticas, discussões e hábitos surgiram com a transmissão de imagens, notícias e entretenimento. Transformações que alteraram os costumes e a configuração das casas ao incorporarem o moderno dispositivo, geralmente na sala, e alinharam cadeiras, poltronas e sofás que antes se punham frente a frente.

Porém, a televisão não alterou essencialmente as redes sociais. Ela trouxe consigo uma transmissão que não demandava troca e com a qual as únicas interações possíveis eram ligá-la e desligá-la. As mudanças ocasionadas pela sua incorporação nos lares ocorreram ao longo de décadas, foram acomodadas aos poucos na cultura, conformando largas formações sociais intermediárias em diferentes contextos e regiões do mundo.

Com a intensificação da globalização, o transbordamento da tecnologia e o seu desenvolvimento acelerado em relação às anteriores, a transição social em massa não ocorreu com a mesma velocidade. O que houve foi um desengate abrupto que levou consigo bilhões de pessoas na locomotiva e deixou outros tantos bilhões desacelerando nos vagões de trás do capitalismo. Atualmente, é celebrada a enésima onda da revolução tecnológica, enquanto quase a metade do planeta não tem acesso à internet, e tantos, ainda, sequer têm comida ou acesso a esgoto encanado. Alargou-se o abismo que separa os que têm carências básicas dos que possuem acesso material a bens e recursos de ponta. Enquanto a condição social de bilhões de pessoas efetivamente manteve-se inalterada ou mesmo piorou, para a outra metade do planeta, ela se transformou rapidamente, gerando novas possibilidades e novos custos.

Na trilha para compreendermos como se acentuou a mercantilização das relações sociais, esse cenário, pouco debatido, que demanda uma reinterpretação da luta de classes, não pode ser desprezado. Nele foram situadas as redes sociais virtuais, desde o seu princípio, como uma virtualização das expressões das porções financeiramente mais ricas do mundo. Alheias às vozes dos excluídos – apesar de os polos dessa rasa dicotomia serem menos dissonantes do que muitos pensam – que deixaram de "existir" no novo mundo, as redes sociais, no mundo físico, viram a ressignificação das lutas políticas e das possibilidades das transformações e dos avanços rumo à democratização do acesso a bens materiais e culturais. As dinâmicas da internet e das redes sociais virtuais, desde o princípio da sua massificação, refletem os campos simbólicos – entre consensos, disputas, valores e interesses – da minoria que acumula e controla o universo do consumo e do capital.

4.3.1. O NASCIMENTO DO "USUÁRIO"

Entretanto, é precisamente neste "novo velho mundo" que – integrados em uma nova categoria que assimila ricos, pobres, patrões, empregados, desempregados, bem como todas as combinações possíveis entre as identidades culturais reivindicadas – rompeu-se a barreira da relação passiva com a tecnologia. Nasceu o *usuário*. Para ele abriu-se todo um universo com linguagens novas, sejam aquelas próprias às interações virtuais, sejam aquelas antes restritas a especialistas da área de computação.[47]

Com o barateamento progressivo dos computadores, pessoas de outros segmentos profissionais, geralmente jovens e estudantes de classe média e alta, passaram a explorar o "novo mundo" nos anos 1980-1990. A profissão de programador começou como *hobby* e diversão para muitos, possibilitando a expansão rápida de uma área do conhecimento que anteriormente era complexa e restrita. O quarto do

---

47 Aparentemente, existe uma certa controvérsia sobre qual seria a primeira linguagem de programação. Entretanto, poderíamos estabelecer, a partir da década de 1950, algumas linguagens modernas que serviram de base para as outras tantas que temos hoje e outras que ainda são utilizadas. Por exemplo: FORTRAN (1954), COBOL (1959), BASIC (1964), Pascal (1970), C (1972), SQL (1978), C++ (1983), Perl (1987), Python (1991) e Java (1991).

adolescente, outrora transformado em prisão por pais descontentes, deixou de ser um local que isola o filho do convívio social em um castigo, e passou a ser o espaço onde ele fica cada vez mais por vontade própria, "explorando o mundo" muito além dos limites da sua família, do seu bairro e da sua rede social.

Não é difícil perceber como, em poucos anos, a geografia das casas e a vivência nos lares se transformaram, principalmente com o surgimento dos *smartphones*. Através deles, as redes sociais virtuais, acessadas instantaneamente de qualquer local, trouxeram um mundo social que desconecta o indivíduo dos parâmetros de sociabilidade que o cercam fisicamente, enquanto o conecta com uma miríade de parâmetros sociais, alguns replicados e outros tantos que lhe seriam completamente desconhecidos e potencialmente hostis. Uma alteração profunda na morfologia da sua rede social, que, no entanto, subsiste enquanto camada externa da estrutura racionalizável. Nessa nova morfologia, a rede social passou a coexistir e a se correlacionar com um duplo expandido de si mesma, isto é, a sua rede social virtual.

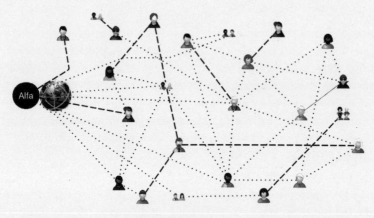

Relações que só existem no ambiente virtual ¦ Relações da rede social no ambiente virtual

A necessária acomodação das diferenças entre as redes sociais parciais passou a ocorrer no interior de um ciclone, uma vez que a capilaridade de cada rede parcial aumentou exponencialmente com o sujeito globalizado-virtualizado. Ou seja, a avaliação sobre uma influência distante – seja ela uma ideia, um hábito ou uma prática – deixou de correr somente pelos laços sociais desdobrados em ambientes e contextos físicos, com as suas implicações, adaptações e significações no espaço e no tempo. O julgamento do "desconhecido", oriundo do mundo virtual, cabe, exclusivamente, ao sujeito-usuário diante da tela, distanciado dos marcadores materiais de questionamento e reflexão da esfera social. Com trânsito livre para tudo o que há de melhor no mundo, o sujeito-usuário também teve que se responsabilizar pelos seus desejos e assumir a chance de encontrar, em cada esquina virtual, o que há de pior.

Porém, a liberdade, bem como os riscos que ela implica, escapam do acaso e da matemática simples das probabilidades do mundo físico, posto que, em última instância, as mídias sociais são simplesmente um negócio, como atestam os inúmeros casos de vazamentos de dados, cada vez mais comuns.[48]

4.3.2. O CONDICIONAMENTO DO USUÁRIO-PRODUTO

As corporações que mantêm tais serviços, ao gerarem a impressão de que a privacidade dos usuários é algo com o que se preocupam, não fazem outra coisa senão apontar a evidência contrária. Elas optaram por um plano de negócios que se opõe à noção de privacidade, já que dependem das manifestações e interações entre os seus usuários que, transformadas em dados, são vendidas para outras empresas direcionarem suas campanhas publicitárias. No mundo "real" seria como se o dono do restaurante oferecesse comida gratuitamente, mas negociasse as interações dos seus clientes, inclusive, quanto ao conteúdo das suas conversas. Certamente, ao faminto sujeito, o apelo da gratuidade da alimentação seria infinitamente mais direto do que a potencialidade das implicações de ceder o conteúdo das suas interações. É o que ocorre em relação à fome de reconhecimento no globalismo.

Mesmo nos casos daqueles que buscam se preservar, ainda que o teor de suas trocas seja protegido dos olhos de terceiros, os metadados de suas relações são gerados e visualizados por um outro terceiro, qual seja, a própria rede social virtual, ou melhor, a empresa que é dona daquele espaço simbólico e oferece os seus serviços. Ainda, em um gesto de boa-fé, se admitíssemos que não haveria prejuízos ao usuário, desde que ele tenha consciência dos efeitos deste uso em seu cotidiano, estaríamos equivocados.

---

48 Em março de 2018, os jornais *The Guardian* e *The New York Times* divulgaram a notícia de que dados pessoais de mais de 87 milhões de usuários do Facebook foram coletados e utilizados com fins políticos naquele que ficou conhecido sintomaticamente como o caso Cambridge Analytica, a empresa que teve acesso aos dados.

Além de negociar os dados, outra consequência desse plano de negócios é gerar um usuário-consumidor bombardeado a todo instante por propagandas, postagens pagas por empresas e aspirantes a influenciadores, que apelam com muita precisão aos seus desejos materiais e imateriais. No intento de aumentar a exposição e o lucro dos patrocinadores, essa prática fomenta a homogeneização das percepções do indivíduo, que quanto mais oferece os seus dados ao interagir, mais é compreendido pelos algoritmos da plataforma. Cria-se, dessa forma, aquilo que muitos têm chamado de bolha virtual. Um *ethos* no vasto universo simbólico da internet que blinda o sujeito-usuário, inclusive, da própria pluralidade do mercado.

Entretanto, o efeito verdadeiramente maléfico se dá em relação às práticas sociais e ideias – uma vez que muitos conteúdos patrocinados se referem a sites, canais, portais e blogues de notícia, comportamento e entretenimento – remodelando as relações nas redes sociais a partir das fragmentadas e enclausuradas dinâmicas mercantis impostas nas redes sociais virtuais. Abastecido cotidianamente com aquilo que já é de si, a abertura do *ser* ao *outro* e às trocas diminui substancialmente, reforçando sua relação com o *ter* tecnológico. A artificialidade é retroalimentada no interior do sujeito, que constrói sua rotina social em uma realidade facilmente manipulável por aqueles que detêm um conhecimento mais aprofundado das novas tecnologias e dos seus usos.

São essas bolhas de percepção que explodem como realidade na vida política, afetando todos, sobretudo aqueles que não acessam a internet. Os indivíduos que fazem parte de uma bolha geralmente não entram em contato com os de uma outra bolha, passando a categorizá-la à distância, achatando suas complexidades, reduzindo e deslegitimando os seus discursos. Dessa forma, a ideologia de mercado que estrutura todo o ambiente das redes sociais virtuais promove o levante da intolerância, a ruptura do diálogo e da interação que poderia legitimar o *outro* e, portanto, fortalecer o reconhecimento do *ser*. A partir das suas investigações pessoais, impulsionadas pelos seus desejos, o sujeito-usuário é arregimentado por um *ethos* que lhe oferece uma aparente estruturação discursiva e simbólica para enfrentar o caos representado pelo *outro*, cada vez mais distanciado.

Usina de uma quantidade de conteúdo que cresce indefinidamente, a internet, através das redes sociais virtuais, comporta-se como uma fonte inesgotável de estímulos e excitações ao psiquismo. Este, por sua vez, protegido dos perigos dos estímulos do mundo físico e pela falsa ideia de privacidade e anonimato, sofreu um relaxamento em sua investigação através dos estímulos virtuais, imagéticos. Tal relaxamento tende a ser subestimado, uma vez que a curiosidade do sujeito-usuário somada às técnicas fabricadas para mantê-lo online e engajado podem levá-lo, pelo inconsciente, para um passeio solitário à beira do penhasco. Seja aquele da adição ao mundo virtual, em prejuízo dos seus compromissos e necessidades, da sua saúde e dos seus relacionamentos, seja aquele que se abre e revela aquilo que socialmente e moralmente não seria aceito: o proibido ou o tabu.

Nessa relação, a decisão do sujeito-usuário entre o que é melhor e pior, certo e errado, bom e ruim, bem e mal ainda remete, em sua maior parte, às representações oriundas da sua vivência no mundo físico, ou a sua rede social parcial, mas ela é diretamente afetada por uma suspensão parcial, geralmente temporária, do seu Super-eu. Isso lhe permite experimentar modalidades de gozo que jamais seriam possíveis em sua vida "real" e retornar sempre que quiser. Com os *smartphones* esse retorno é possível a todo instante e o querer torna-se quase uma obrigação.

Assim, para cada usuário da rede social virtual, o julgamento entre o que representa um determinado conteúdo foi esgarçado em relação à sua rede social parcial. Daí originam-se as surpresas quando conhecidos publicam mensagens, vídeos ou *links* ofensivos, inadequados, agressivos ou de gosto duvidoso, ainda que socialmente admitidos. Porque nessa forma de conversa descontextualizada, atemporal, em que há uma diminuição importante da barreira que separa o público do privado, as balizas encarnadas da moral e da ética – enquanto fontes estruturantes do reconhecimento, da informação e de resposta ao *ser* – são pulverizadas em buscas e investigações individuais que não são calibradas, acolhidas ou rechaçadas pelo *núcleo* da *rede social parcial* de cada um.

Em suma, o sujeito desconecta-se das pessoas próximas e do seu ambiente físico quando se conecta virtualmente, enquanto usuário, a uma arena aparentemente pública, mas, onde alguns deixam de *ser*, de *existir*, porque *não são vistos*. Essa conexão geralmente é percebida como um ganho, uma vez que lá estão quase todos do seu entorno e mais bilhões de pessoas a um clique de distância. Ligações que podem se dar individualmente, com múltiplos contatos e comportar, simultaneamente, dinâmicas em grupos. Tudo isso – de informações sigilosas e revelações íntimas a declarações públicas, de jogos online à fonte de renda – sobre um solo privado, passível de ser monitorado em tempo real, compilado, embalado, negociado e faturado por executivos e investidores de corporações bilionárias que condicionam a vida dos usuários e adquiriram um poder imensurável para ditar os rumos da geopolítica e da economia global.

A infraestrutura racionalizável das novas tecnologias, portanto, desponta no campo sociocultural através da dinâmica mercadológica das mídias sociais que preenche a lacuna formada pela interdição parcial do *outro* enquanto termo necessário ao reconhecimento. Isso propicia a formação de muitos *ethos* que aparentam proteger o psiquismo aventureiro. A bolha, inflada por meio da coleta de dados, aproxima os perfis dos usuários que se sentem decepcionados, assustados, hostilizados e ressentidos com o mundo "real", que, na verdade, é a sua *rede social parcial* na internet, transfigurada como uma parte da sua *rede social virtual*. Nesta última, *Alfa* pode deletar pessoas, bloquear relações com um simples clique ou, mesmo, pode se esquecer que alguém ou algo existe. Esse é o caso em nosso próximo sociograma.

4.4. EXISTIR, APARECER E SER-TER: *DIGITAL INFLUENCERS*

Iremos supor que *Beta* optou por não fazer parte de nenhuma *rede social virtual*. Assumindo que *Alfa* seja um usuário pesado das suas *redes sociais virtuais*, não seria exagero de nossa parte afirmar que a opção de *Beta* fez com que, na prática, ele deixasse de existir para *Alfa*. Ou seja, sua influência não foi completamente anulada, mas a força da relação entre ambos diminuiu consideravelmente, uma vez que *Beta* não partilha do ambiente virtual enquanto segunda instância de validação social das relações de *Alfa*.

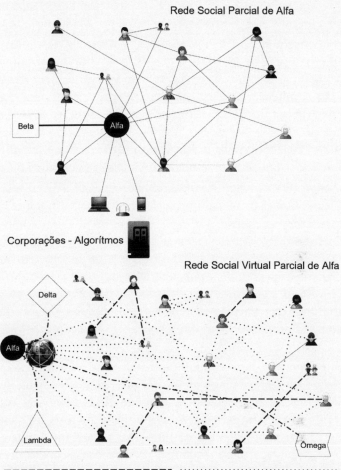

Entretanto, a entrada de *Alfa* no mundo virtual não é percebida por ele como perda de nenhuma ordem, mas como um ganho. Esse é o momento em que começa, propriamente, a formação da bolha que blinda o psiquismo na vastidão do globalismo e estabelece a primazia das ligações entre os quase-iguais. Muitos deles, desconhecidos e desvinculados do *núcleo* da sua *rede social*. Em nosso exemplo, *Beta* deixa de existir para *Alfa*, que passa a integrar uma bolha onde se encontram *Delta*, *Lambda* e *Ômega*.

Alfa, por sua vez, tende a buscar sua diferenciação dos demais membros daquele universo. Em busca de reconhecimento (*likes*) ele precisa destacar-se no oceano de publicações do seu novo *ethos* que, dessa forma, fica cada vez mais radicalizado em suas referências, uma vez que os demais membros da bolha reproduzem a mesma lógica.

Como consequência do movimento de introjeção dessa forma acelerada da ideologia de mercado alguns vão ficando tão inquietos que não lhes resta alternativa exceto retornar ao mundo físico com suas renovadas significações. Agora, não mais como sujeitos, mas como sujeitos-usuários radicalizados, que exigem do mundo "real" a mesma facilidade e ausência de resistência às suas visões de mundo que o ambiente virtual lhes oferece. São esses indivíduos que têm uma tendência maior a sentirem, ou realizarem em seus cotidianos no mundo físico, aquilo que chamamos anteriormente de desestruturação.

Aos poucos, esse universo virtual foi assumindo um papel que anteriormente era exclusivo dos espaços presenciais verdadeiramente públicos e, também, aqueles particulares, entre os quais os da família. Em larga medida, isso ocorreu devido às políticas neoliberais impostas no globalismo, mas também porque a internet mostrou-se um campo aberto e infinito que é protegido fisicamente. Ela oferece ao psiquismo a possibilidade de aplacar as distâncias, ignorando certas paredes, muros e fronteiras sob uma aparente sensação de segurança.

Nesse ponto, a estética do consumo oferece a prazerosa sensação de consumir a vida do *outro* enquanto ele consume o *ser*, relação sempre intermediada pelo *ter* tecnológico: curtidas, frases de perfil, belos álbuns. Retoques em fotos, cálculos do que escrever, como escrever, qual música ou notícia compartilhar, qual publicação curtir ou não curtir. Todas essas interações sempre partindo de uma pergunta endereçada a uma vaga ideia de um *outro* distante e globalizado: *quem está me vendo?* Só ela é capaz de oferecer, sob a tutela dos algoritmos, os faróis necessários para levar o *ser* à ilusória satisfação de *aparecer* como gostaria de *ser visto*. Um ambiente artificial, pouco espontâneo, onde a moeda "curtir" tem menos a ver com curtir, de fato, alguma publicação. Antes, ela é um sinal social de validação, cuja interação está mais associada ao ganho de capital simbólico de quem curte do que de quem é curtido. Afinal, "curtir" é a comunicação da identificação, portanto, um ato na busca pelo reconhecimento daquele que curte.

Na outra ponta está o usuário que "é curtido". Assim como uma conserva ou um pedaço de couro, curtidos para deter a decomposição e aumentar a durabilidade, o status do usuário, em função de ser mais ou menos "curtido", evita a sua decomposição no universo virtual e aumenta a extensão e a durabilidade da sua influência naquela rede social parcial virtual. Portanto, sua satisfação não advém do reconhecimento, mas do poder que ele adquire naquele espaço simbólico, através do *ter* tecnológico. Evidentemente, para a imensa maioria dos bilhões de usuários, o número de curtidas que suas postagens angariam não difere muito do número de amigos que, geralmente, podem contar nos dedos das mãos. Algo que, para muitos, pode suscitar sentimentos de insuficiência, impotência, tristeza e frustração. Afetos que se tornam um combustível que retroalimenta, por exemplo, as bolhas radicalizadas.

Destaca-se, no âmbito da mercantilização das relações sociais no mundo virtual, aquele que chega ao panteão das milhões de curtidas mesmo sem ser reconhecido em razão da sua excelência em alguma atividade, notório conhecimento ou reputação profissional: o *digital influencer*. Antes, é preciso discerni-lo, em nossa análise, daquele que se tornou influente devido às suas concepções e criações artísticas, assim como daquele que emite opiniões, análises e apresentações associadas a sua formação, estudo ou atuação profissional. Existem muitos usuários que produzem conteúdo de altíssima qualidade e comprovam diariamente que a internet é uma tecnologia fundamental à formação, ao pensamento crítico e ao acesso ao conhecimento.

Aqui discorremos a respeito daquele que enxerga a sua influência, independentemente do conteúdo, como o fim em si, aspirando a tornar-se uma celebridade on-line. Muitos poderão afirmar que essa é uma nova profissão, e isso, aparentemente, não está errado, uma vez que essa busca demanda disciplina e gera desgaste como qualquer área de atuação. Além disso, alguns são mais bem pagos do que a esmagadora maioria dos trabalhadores convencionais.

Entretanto, há algo de um vazio que é, propriamente, o que nos interessa.

Quem se apresenta como *digital influencer* é alguém que se destacou entre bilhões de indivíduos que, por sua vez, tentam ser, de alguma forma, notados nas redes sociais virtuais. Seus avatares capitalizados e pensados sobre as bases do *marketing* indicam que, nessa nova religião, deuses estão à venda. Em geral, o influenciador digital resolve assumir-se, explicitamente, como um produto e vender uma projeção calculada da sua vida e uma porção considerável da sua intimidade em troca do seu sustento. A ele é atribuído, por seus milhões de seguidores, o poder de um guru que destrói ou chancela ideias, visões de mundo e comportamentos. Entre os seus tantos seguidores, certamente, muitos se identificam com ele, porém, devido às dinâmicas mercantis impostas no ambiente virtual, a imensa maioria do seu secto passou a segui-lo exatamente porque ele já possuía um número de "curtidas" que o destacava na vastidão virtual. Isso significa que ele soube se vender melhor que outros tantos bilhões de usuários, porém, também indica que a identificação dessa maioria não é com ele, mas com o aparente sucesso da projeção que ele vende sob as premissas do *marketing*.

Tamanho poder também se volta contra ele. Ao tornar-se uma instância de autoridade que, em geral, não tem conhecimento para se posicionar sobre quase nada a não ser sobre si mesmo, ele vira refém do seu próprio público e dos comportamentos de manada dos seus fiéis, que alavancam ou derrubam os seus ganhos. Não são raros os que são atingidos pelo desconforto ou a depressão quando percebem que o seu poder não está associado a um reconhecimento de fato, mas ao simples fato de *terem* "curtidas". Como indivíduos muito ricos financeiramente, que se percebem muito pobres quando notam que vários daqueles próximos a ele, o são por interesses pessoais e não devido a uma identificação e uma partilha de sentidos.

Mais uma vez, podemos notar como a globalização da estética do consumo propiciou variações da lógica da ostentação.

O processo que gerou o *digital influencer* não difere muito daquele que estabeleceu o culto às celebridades e o sucesso popular dos tabloides, originados com a massificação da indústria cultural na primeira metade do século XX, mais notadamente nos universos do cinema e da música. A bifurcação ocorre quando notamos que o reconhecimento e a transformação de um artista em referência popular e objeto de desejo se dá a partir da sua criação artística, enquanto que, nesses novos fenômenos, ela se dá a partir de suas capacidades de engajarem fãs e seguidores mesmo sem terem quase nada a oferecer em troca, a não ser o próprio status de celebridade que transforma insignificâncias em consumo. Na incapacidade de conceberem qualquer conteúdo original, confiável ou manifestação artística de qualidade reconhecida, essas pessoas conseguiram chamar a atenção vendendo uma imagem estridente e contundente, fabricada minuciosamente, de si mesmas. Dessa forma, a estridência e a contundência, elementos que comumente não estão associados ao pensamento crítico, tornaram-se elementos importantes no mundo virtual das massas.

Certezas gritadas, com roupagens e efeitos chamativos, em busca de *likes*. Verdades calibradas para um ganho pessoal e estratégias que pouco se diferenciam daquelas de uma empresa. Portanto, mentiras que afastam as noções que envolvem as dificuldades, a angústia e os fracassos do indivíduo em sua trajetória subjetiva e o posiciona, na dinâmica dos ambientes virtuais, como o predestinado que possui milhares de seguidores. Ainda que sob a construção de uma personagem "perdedora", um *digital influencer* só faz reforçar a lógica do "vencedor", perpetuando a sina de milhões de novos "fracassados".

Em uma análise weberiana, poderíamos afirmar que esse é, nos dias de hoje, o lugar simbólico que articula fortemente a noção do profano, do (neo)liberalismo que gera a ideia do vencedor, com a noção do sagrado, da ética protestante que legitima o escolhido de Deus a partir da sua fortuna. O sensacionalismo que ninguém levava seriamente e pertencia à esfera do entretenimento, desabonado enquanto fonte de confiabilidade, foi elevado à categoria de *modus operandi* estimulado e percebido como um recurso precioso de validação e autoridade que artificialmente supre o desenraizamento e a aparente desestruturação, mas que, organicamente, os retroalimenta.

Por fim, nos termos que propusemos para defini-los, os influenciadores digitais exercem suas influências conteudistas, sobre milhões de pessoas, apenas de maneira secundária, pois eles são a personificação da infraestrutura racionalizável. A influência primária se dá quanto à forma e fórmula da artificialidade que bloqueia instâncias fundamentais da subjetividade. Nessa nova dinâmica social, o que antes era uma busca do sujeito pelo reconhecimento no espaço e no tempo, foi transformada em uma posição contínua. Um espaço de expurgo, onde não se admite falhas. Assim, formou-se o tribunal da internet, a idiotia do "cancelamento" de pessoas e outros comportamentos de manada no ambiente virtual.

ANEXO - TEORIZAÇÃO PRELIMINAR SOBRE A METAPSICOLOGIA DA ENTROPIA

A fim de buscarmos uma melhor compreensão das implicações das novas tecnologias no sujeito contemporâneo, encerramos o presente ensaio com uma proposição circunscrita ao campo psicanalítico. Se nossa análise, até aqui, enfatizou determinados aspectos e processos a partir do prisma sociocultural e econômico, nesta última seção o faremos a partir do imbricado cabedal conceitual freudiano. Buscamos, assim, cercar o tema por um novo ângulo que nos permita problematizá-lo enquanto uma resposta, por assim dizer, do psiquismo a tamanhas mudanças no mundo exterior.

Seguimos, portanto, com uma teorização preliminar, ainda que com muitas lacunas, elaborada a partir das reflexões suscitadas pela análise de diversos casos clínicos nos últimos anos. Reservamos para o futuro uma apresentação devidamente detalhada, que, no entanto, não seria adequada à proposta deste ensaio e à introdução ao conceito de entropia psíquica que aqui pretendemos fazer.

De certa forma, um dos grandes legados de Sigmund Freud foi o de situar a sua teoria no encontro entre natureza e cultura. Partindo da sua experiência clínica, ele reconheceu a necessidade de reinterpretar certos debates filosóficos e delinear algumas fronteiras com a criação da psicanálise.

A primeira delas, entre o mundo interior e o mundo exterior, cliva as ocorrências internas ao aparelho psíquico e aquelas externas, promovidas pelos objetos no mundo exterior. O estudo e a prática psicanalítica, portanto, restringem-se às primeiras, ainda que em relação permanente com as outras.

A segunda fronteira segmenta o aparelho psíquico. Este é composto por uma porção somática (corpo) e outra puramente mental (psiquismo). Apesar de ser impossível dissociá-las na prática, o vetor inicial dos estudos psicanalíticos tinha um sentido evidente, de fora para dentro. Desta forma, assumindo determinadas manifestações somáticas como sintomas dos conflitos psíquicos – noção que, posteriormente, seria o norte de todo um campo interdisciplinar de análise (psicossomática) – o foco inicial era abstrair e entender as dinâmicas do psiquismo nos fenômenos histéricos.

As demais fronteiras, portanto, desenham a topologia do aparelho psíquico, constituindo as três instâncias psíquicas (Id, Eu e Super-eu) que, resumidamente, são posicionadas e qualificadas pelos sistemas Consciente e Inconsciente. Há, ainda, o sistema Percepção.

Por fim, há uma falsa fronteira, mas não menos importante, que segmenta uma fração superior do Inconsciente, próxima ao Consciente, estabelecendo uma zona intermediária entre ambos, chamada de Pré-consciente. Esta é uma falsa divisão porque, de fato, o Pré-consciente é uma parte do Inconsciente, formado pelos conteúdos que são potencialmente conscientes e aqueles suprimidos pela segunda censura. A primeira censura atua entre o Inconsciente e o Pré-consciente e é responsável por manter o reprimido no Inconsciente profundo.

1. As pulsões

Um estímulo pode originar-se do interior do aparelho psíquico, como aqueles das necessidades fisiológicas, ou do mundo exterior. Todo estímulo percebido, consciente ou inconscientemente, provoca uma excitação somática, de uma ou mais zonas erógenas. O aumento dessa excitação significa o aumento da tensão do aparelho, que é sentido como desprazer. A diminuição da tensão, como prazer. Para Freud, o aparelho psíquico sempre tende a evitar o desprazer e a buscar o prazer.

Na definição lapidar de Laplanche e Pontalis, a pulsão é o "processo dinâmico que consiste numa pressão ou força (carga energética, fator de motricidade) que faz o organismo tender para um objetivo. Segundo Freud, uma pulsão tem a sua fonte numa excitação corporal (estado de tensão); o seu objetivo ou meta é suprimir o estado de tensão que reina na fonte pulsional; é no objeto ou graças a ele que a pulsão pode atingir a sua meta".[49] Ela é um processo dinâmico, "um conceito-limite entre o somático e o psíquico, como o representante psíquico dos estímulos oriundos do interior do corpo e que atingem a alma, como uma medida do trabalho imposto à psique por sua ligação com o corpo".[50]

O termo largamente utilizado por Freud é *Trieb*, que carrega a noção geral de uma impulsão, uma pressão irrefreável que visa a um extravasamento da tensão, gerada pela excitação das zonas erógenas. A sua

---

49 LAPLANCHE, 2016, p. 394.

50 FREUD, OC, v. 12, p. 57.

tradução suscita controvérsias até os dias de hoje, iniciadas com a primeira grande tradução[51] da obra original, uma vez que o autor vienense, eventualmente, tenha utilizado o termo *Instinkt* com uma conotação semelhante. Nos somamos àqueles que entendem que, nas poucas passagens em que Freud utiliza o termo *Instinkt*, ele refere-se a uma ampla noção mais próxima da biologia, referente a uma herança filogenética da espécie que compõe o âmago do inconsciente, o Id.[52] Essa herança, no psiquismo humano, equivale às fantasias originárias.[53]

Assim, compreendemos as pulsões como dinâmicas próprias ao aparelho psíquico humano, a manifestação dos instintos que o constituem desde o seu nascimento. As pulsões tendem a um objetivo relativamente independente dos objetos no mundo exterior, qual seja: a necessidade do aparelho psíquico de suprimir as tensões geradas pelos estímulos internos e externos, articulada às necessidades acumuladas evolutivamente pela experiência ancestral da sua espécie.

2. Dualismo pulsional e fusão

> (…) imaginamos um estado inicial em que toda a energia disponível de Eros, que passamos a chamar libido, está presente no Eu-Id ainda não diferenciado e serve para neutralizar as tendências destrutivas também presentes. (Falta-nos, para a energia do instinto de destruição, um termo análogo ao de libido). Depois se torna relativamente fácil acompanharmos as vicissitudes da libido, mas no caso do instinto de destruição é mais difícil.[54]

Na última fase da obra freudiana, o dualismo pulsional opõe a *pulsão de vida* à *pulsão de morte* (*destruição*).

A distinção entre um interior e um exterior do aparelho psíquico explica a sutil diferença entre *pulsão de morte* e a *pulsão de destruição*, como veremos a seguir. Elas são manifestações de *Tânatos*, força que remonta à nossa ancestralidade, responsável por dissolver nexos, romper, desligar, destruir, fragmentar composições em unidades cada vez

---

51 *The Standard Edition of the Complete Psychological Works of Sigmund Freud*, Hogarth Press, 1953 – 1974. Traduzida sob orientação editorial de James Strachey, com a colaboração de Anna Freud, esta edição foi a fonte de diversas traduções da obra de Freud mundo afora. Nela, Strachey optou por *instinct* para traduzir *Trieb*, ao invés de *impulse*, utilizado por Ernst Jones, ou *drive*, defendido por alguns dos seus contemporâneos.

52 SOUZA, p. 250–269.

53 LAPLANCHE, 2016, p. 242.

54 FREUD, OC, v. 19, p. 197

menores. Ele é o instinto por excelência, uma vez que segue à risca o postulado de Freud acerca das pulsões: ele visa sempre restaurar o aparelho psíquico, fazê-lo retornar ao seu estado anterior, eliminando os estímulos oriundos do mundo exterior e aqueles do mundo interior.

O par oposto de *Tânatos* é *Eros*, instinto responsável por agregar, compor unidades cada vez maiores, ligar, estabelecer nexos e construir. Sua pulsão é a *pulsão de vida*.

Devemos ressaltar que não há uma conotação pejorativa ou um caráter maléfico à pulsão de morte (destruição), nem benéfico à pulsão de vida. Ambas são fundamentais ao funcionamento do aparelho psíquico e às vivências e à sobrevivência do indivíduo em seu meio.

O reservatório psíquico dos instintos e, portanto, das pulsões, é o Id, que reside no inconsciente profundo, por mais que não possamos "restringir um ou outro dos instintos básicos a uma das províncias da psique. Eles têm de ser encontrados em toda parte".[55] Ainda, devemos proceder "como se houvesse na psique – seja no Eu ou no Id – uma energia deslocável, que, em si indiferente, pode juntar-se a um impulso erótico ou destrutivo qualitativamente diferenciado e elevar o investimento total deste".[56]

A energia livre no interior do aparelho psíquico pode ser investida em representações dos objetos externos. Tais representações formam-se das contínuas percepções, investigações e experiências que passam a constituir o Eu, associadas às representações oriundas dos primeiros contatos do aparelho psíquico com o mundo exterior. Elas representam a parte ou o todo de pessoas, coisas, imagens, sons, os demais traços de memória perceptiva e tudo o mais que situa o sujeito em um meio ambiente e em uma cultura.[57]

A energia mobilizada por *Eros* através da pulsão de vida é a *libido*, que constitui a sexualidade. Aquela mobilizada por *Tânatos* jamais foi conceitualmente desenvolvida por Freud. Alguns a chamaram, por exemplo, de energia tanática. Entretanto, em nossa investigação nos permitimos cunhá-la como *termen*. Um novo termo que nos parece mais sucinto e apropriado à nossa abordagem, cuja escolha não merece uma justificativa pormenorizada neste momento.

---

55 FREUD, OC, v. 19, p. 197.

56 FREUD, OC, v. 16, p. 55.

57 Optamos por não distinguir *representação de coisa* e *representação de palavra*.

Especificamente quanto à libido – a energia qualificada por *Eros* – Freud, em determinada altura da sua obra,[58] infere uma importante distinção. A denominamos *libido objetal* quando investida pelo Eu em objetos do mundo exterior. Por sua vez, quando desinvestida de um objeto externo – como no luto, por exemplo –, ela retorna ao Eu como *libido narcísica*. Desse modo, o Eu comporta-se como mais um objeto que satisfaz a meta da descarga pulsional. Como é ele, também, quem orienta esse investimento, Freud denominou tal processo de *narcisismo*.

A respeito daquilo que aqui denominamos como termen, Freud atestou que pouco compreendeu, senão que, quando circunscrita ao interior do aparelho, ela seria mobilizada por *Tânatos* enquanto *pulsão de morte*. Já a *pulsão de destruição* pode assim ser denominada quando voltada para o mundo exterior, quando há o investimento termênico nos objetos. Assim, ambas as pulsões, de fato, são a mesma. O que as difere é somente a meta que orienta a sua descarga: a pulsão de destruição tem por meta um objeto externo e a pulsão de morte, o Eu.

Ainda, *Eros* e *Tânatos* "estão simultaneamente presentes desde o início na vida psíquica, mas raramente, ou nunca, se apresentam a nós em sua forma pura; ao contrário, geralmente estão soldados um ao outro em quantidades proporcionais variáveis".[59] Isso implica no fato de que é raro, ou impossível, que encontremos um objeto investido pelo Eu somente com libido ou somente com termen. Há, portanto, em todo investimento o empenho de ambos os instintos, em uma composição quantitativamente variável de ambas as energias, perfazendo uma *fusão* pulsional. "Mudanças na proporção da mistura dos instintos têm consequências bastante tangíveis. Um forte incremento na agressividade sexual transforma o amante em assassino sexual, uma grande diminuição do fator agressivo o torna acanhado ou impotente".[60]

Dessa feita, podemos supor que, além de uma *economia libidinal*, há também uma *economia termênica* jamais elaborada na obra freudiana. No presente estudo propomos que ambas estabelecem um equilíbrio quantitativo que compõe, no aparelho psíquico como um todo, uma única *economia libidinal-termênica* em função da topologia do aparelho psíquico e das suas dinâmicas.

---

58 FREUD, OC, v. 12.

59 FREUD, 2017, p. 47.

60 FREUD, OC, v. 19, pp. 196-7.

3. Desfusão e sublimação

Em um determinado investimento, seja ele em um objeto ou no próprio Eu, assim como há a fusão, há também a *desfusão*: o movimento no sentido da separação dos instintos, portanto, das pulsões e da libido e da termen.

No entanto, segundo Freud, a desfusão completa não poderia ser vista na prática. Por isso, conforme mencionado anteriormente, seria impossível notarmos um investimento que fosse puramente de *Eros* ou exclusivamente de *Tânatos*.

Um dos pontos mais profundos da desfusão seria observável na ambivalência própria à neurose obsessiva, estrutura psíquica cuja compulsão à repetição revela uma fixação no curso do desenvolvimento da sexualidade que denota um impasse não solucionável em relação ao objeto. Tal impasse seria a própria bifurcação, no limite observável da regressão libidinal da fase genital à fase sádico-anal, entre as pulsões de vida e de morte e, também, o limiar entre a neurose e a psicose. Desse modo, "entre os efeitos de algumas neuroses graves – as neuroses obsessivas, por exemplo – merecem particular atenção a *disjunção* instintual e a proeminência da pulsão de morte".[61]

Ainda assim, apesar da impossibilidade de observarmos as pulsões em suas formas puras, a libido se mostra mais facilmente ao analista, segundo Freud. A manifestação de *Tânatos* seria observável nitidamente somente no mundo exterior, enquanto pulsão de destruição que mobiliza uma quantidade variável de termen, sempre fusionada à libido de *Eros*, como no ato sexual. Mais nitidamente, *Tânatos* se revelaria no mundo exterior com a desfusão proveniente da transformação da libido objetal em narcísica, que representaria nada mais do que a dessexualização de um investimento, restando nele os efeitos da pulsão de destruição e da termen.

No sentido inverso da dessexualização de um investimento, a sublimação também representaria uma desfusão, enquanto um meio para o extravasamento da pulsão de vida no mundo exterior. De tal forma que, sobre um determinado investimento, o que resta no interior do psiquismo após a sublimação só poderia ser a termen mobilizada pela pulsão de morte.

Portanto, a "desfusão pulsional seria um derivado tanto da simples dessexualização quanto da sublimação, na medida em que a primeira é uma implicação da segunda. Dentro dessa lógica, chegamos a duas

---

61 FREUD, OC, v. 16., p. 52. Grifo nosso. Preferimos a utilização do termo *desfusão*, ao invés de *disjunção*.

consequências. Em primeiro lugar, o mesmo processo que funciona como base para a produção da cultura, também produz aquilo que lhe é potencialmente destrutivo".[62]

4. A entropia

Ao nomearmos a energia mobilizada por *Tânatos* de termen, pretendemos facilitar um passo em direção a uma mínima compreensão de como a fusão pulsional pode variar em sua proporção quantitativa em função dos objetos do mundo exterior.

Conforme discorremos nos capítulos anteriores, o mundo onde se constitui e por onde transita o sujeito do século XXI sofreu uma grande transformação, sobretudo após a massificação da internet, dos dispositivos eletrônicos e das redes sociais virtuais.

À luz de um breve debate antropológico, pretendemos mostrar como essas alterações, materiais e simbólicas, pouco ou nada afetaram os sentidos daquilo que denominamos como uma infraestrutura racionalizável que sustenta as relações e disputas geopolíticas na globalização do novo milênio.

Ademais, refletimos acerca de alguns processos culturais que apontam para a complexificação das relações de reconhecimento, provocando nos mais variados sujeitos, dos mais diversos contextos socioculturais, uma percepção de desestruturação da vida social que se liga, fundamentalmente, ao universo simbólico. Portanto, à cultura.

Tal percepção, manifestada no sujeito enquanto desenraizamento, seria, do ponto de vista sociológico, a representação do seu descolamento da estrutura social ou da sua plena identificação com ela, quando o indivíduo perdeu certos marcadores e relevos locais, fundamentalmente em seus aspectos limitantes e repressivos, e passou a transitar simbolicamente através daquela que denominamos como uma estética consumista global.

Assim, é a partir desta leitura sociológica acerca do fenômeno da percepção de desestruturação, que encerraremos nossa análise em torno do desenraizamento do sujeito do século XXI pela perspectiva psicanalítica. Um processo que se origina no mundo exterior e é percebido pelo aparelho psíquico como uma grande intensificação dos estímulos externos, promovendo uma reorganização deste aparelho.

Para o Eu, essa reorganização, antes de tudo, é uma desorganização.

---

62 METZGER; SILVA JUNIOR, 2010, p. 569.

Pressionado internamente pelas metas pulsionais, tais mudanças externas, percebidas pelo Eu, engendram no interior do aparelho psíquico alterações naquela que denominamos de economia libidinal-termênica, como uma resposta ao mundo exterior.

Entendemos, a partir da análise de diversos casos clínicos, que a medida da percepção dessa alteração no mundo exterior assemelha-se àquela de uma substancial alteração nos investimentos objetais. Ao indivíduo, quanto mais forte a percepção de desenraizamento, mais notável torna-se a alteração da proporção entre libido e termen na composição dos investimentos objetais e narcísico.

Para tentarmos caracterizar tais alterações na econômica libidinal-termênica, pegamos emprestado da termodinâmica um dos seus conceitos fundamentais: o de entropia.

Sumariamente, dados dois sistemas termodinâmicos isolados, existem diversas propriedades que os diferem. Entre elas, a organização das suas partículas e a energia interna de cada sistema. Uma outra propriedade, que se relaciona com as demais, é a sua entropia, medida em Joules por Kelvin (J/K). Ela é calculada por uma razão entre a quantidade de energia (J) e a temperatura (K) daquele sistema.

A entropia é o conceito fundamental da segunda lei da termodinâmica. Ele estabelece que quando dois sistemas entram em contato suas diferenças naturalmente tendem a sumir. Ou seja, todas as propriedades dos sistemas, outrora isolados, tendem à igualdade, uma vez que a energia total, a partir do contato, será distribuída de forma equânime em ambos. Esta ação espontânea faz com que os sistemas em contato atinjam a sua energia máxima, promovendo, assim, uma desorganização das partículas de cada um deles.

Em um exemplo recorrente, a entropia pode ser observada no derretimento de um cubo de gelo em um copo com *whisky*. A partir do contato entre ambos, a tendência natural de que os dois sistemas atinjam a energia máxima promove a troca de calor entre o líquido e o gelo. Isto faz com que o líquido resfrie, enquanto o gelo ganha calor e, assim, derreta. Concomitantemente, as partículas de ambos os sistemas se misturam levando a uma nova organização ou a um só sistema: o *whisky* aguado, que jamais será revertido, espontaneamente, em dois sistemas.

Para a termodinâmica, portanto, a entropia pode ser compreendida como um estado de desorganização de um determinado sistema em relação ao seu estado anterior, a partir do momento em que ele entra em contato com outro sistema.

Nosso próximo passo já está evidenciado. À luz da ideia geral de entropia para a termodinâmica, ao nos apropriarmos desse conceito assumimos um estado *a priori* do aparelho psíquico, como um sistema isolado do mundo exterior. De tal forma que esse mesmo mundo exterior será, também, um sistema isolado.

Ao caminharmos nessa direção, somos forçados a admitir que para a psicanálise freudiana a noção geral daquilo que aqui denominamos entropia psíquica sempre existiu, por mais que, dado o alcance do nosso conhecimento, ela jamais tenha sido nomeada ou conceituada enquanto tal. Todavia, neste estudo preliminar buscamos defini-la em um sentido mais restrito, a partir de um marcador que atesta a sua presença ou a sua ausência, uma vez que sua própria definição só encontra sentido a partir das demandas e dos resultados colhidos da prática clínica.

Se tentamos, no presente ensaio, formular esta ideia é porque o conceito de entropia psíquica pode auxiliar no entendimento e no tratamento das novas modalidades que compõem o sofrimento psíquico na contemporaneidade.

Ao imaginarmos, da perspectiva freudiana, o átimo de segundo imediatamente posterior ao nascimento de um bebê, veremos naquele aparelho psíquico um corpo frágil e um Id em estado puro, como um reservatório de energia livre disponível a *Eros* e *Tânatos*. Este é o único instante em que este sistema está, portanto, isolado. Pois, uma vez concebido, ele entrará em contato com o outro sistema, o mundo exterior.

Segundo Freud, é a partir desse contato que progressivamente uma nova instância psíquica passará a se diferenciar do Id: o Eu. Ele irá, cada vez mais, se fortalecer, como o operador do aparelho psíquico no mundo. Futuramente, em um momento imediatamente posterior à instauração do complexo de Édipo haverá uma outra diferenciação, agora do Eu: o Super-eu.

O Super-eu, herdeiro do complexo de Édipo, é a instância dos ideais e da castração que se consolida como a reguladora do Eu em sua relação com o mundo exterior. Ele é o porta voz, no interior do psiquismo, das figuras parentais, dos referenciais, das demais figuras de autoridade, das leis, da moral. Portanto, ele é, por excelência, o representante do mundo exterior no interior do psiquismo.

Se o que buscamos são os impactos de tais alterações do mundo exterior no interior do psiquismo e a resposta deste, a nossa investigação acerca da entropia psíquica necessariamente inicia-se no Super-eu.

Ela nos levou a um quadro da psique, que denominamos como o do sujeito entrópico.

Esse quadro, no entanto, não é necessariamente patológico, e refere-se a uma caracterização psíquica supraestrutural. Entenda-se, um quadro superior, ou mais superficial, que se relaciona com as estruturas psíquicas – a saber, neurose, psicose e perversão – mas não se qualifica enquanto tal.

A partir da análise dos casos clínicos que apontam para um forte desenraizamento, notamos que tais narrativas revelam uma desorganização do Eu em função do Super-eu. Algo que nos levou a buscar algumas propriedades, por assim dizer, que o sistema compreendido como o aparelho psíquico apresenta nesse contato permanente com o outro sistema: o mundo exterior contemporâneo.

4.1. Entropia e Super-eu

Aparentemente, o aumento vertiginoso dos estímulos externos provocou um princípio de diferenciação no interior do Super-eu. Como uma protuberância que, entendemos, se estabelece próxima à fictícia fronteira entre o inconsciente e o pré-consciente, promovendo uma reorganização no aparelho psíquico como um todo, ou, uma desorganização desse em relação ao seu estado anterior. A essa desorganização no interior do aparelho psíquico, de intensidade variável, demos o nome de entropia psíquica.

De maneira preliminar, podemos dizer que é a existência do princípio de diferenciação do Super-eu que revela a presença da entropia psíquica. As distintas intensidades com as quais ela se apresenta podem ser definidas como muito forte, forte, média, fraca ou inexistente, uma vez que reservamos à caracterização do sujeito entrópico as manifestações mais intensas da entropia.

Caso nossa tese de um princípio de diferenciação do Super-eu seja procedente, ela ajudaria a explicar o porquê do Eu passar a lançar e recolher os seus pseudópodes[63] no mundo exterior com uma intensidade

---

63 Metáfora proposta por Freud para representar os investimentos e desinvestimentos libidinais do Eu nos objetos (ideias de objetos) do mundo exterior. "Por toda a vida o Eu continua a ser o grande reservatório do qual investimentos libidinais são enviados para objetos e ao qual são novamente recolhidos, tal como um ser protoplasmático faz com seus pseudópodes" (2018, p.198).

maior, em uma evidente resposta à crescente multiplicidade de objetos e dos seus respectivos estímulos na contemporaneidade.

Assumindo tal diferenciação como uma enervação entre o Supereu inconsciente e o Supereu pré-consciente, visualizamos que o Supereu pré-consciente forma uma espécie de polo com o Supereu consciente. Este é o princípio de diferenciação que promoverá a resposta entrópica que afetará todo o aparelho psíquico.

No sistema Pré-consciente – Consciente, o polo superior do Supereu se enfraquece diante do Eu, que se beneficia do impasse do seu regulador e intensifica a frequência com que investe e desinveste novos objetos. O enfraquecimento do polo superior só pode significar, em contrapartida, o fortalecimento do polo inferior do Supereu, no inconsciente profundo, com consequências que ainda não podemos detalhar.

O consciente conquista parte de um terreno precioso do inconsciente (de fato, do pré-consciente), uma vez que é permitido um pequeno afrouxamento da segunda censura. Ato contínuo, disponibiliza-se a uma carga de energia livre ao Eu, antes empreendida no contrainvestimento que promovia a supressão de certos afetos e conteúdos.

De tal modo que, se determinados investimentos outrora suprimidos agora podem acessar livremente o Eu consciente, a sublimação passa a ser uma dinâmica muito mais presente neste contato entre o aparelho psíquico e o mundo exterior. Da mesma forma, a energia liberada, outrora utilizada pelo Eu no contrainvestimento que promovia certas supressões, também pode destinar-se ao próprio Eu, reforçando o narcisismo ou incrementando a pulsão de morte.

São as metas pulsionais que orientam estes novos investimentos que propiciam uma espécie de rearranjo na economia libidinal-termênica.

REFERÊNCIAS BIBLIOGRÁFICAS

ARENDT, Hannah. *A vida do espírito*: o pensar, o querer, o julgar. Tradução de C. A. R. de Almeida, A. Abranches e H. F. Martins, 6ª ed., RJ: Civilização Brasileira, 2017.

———. *Eichmann em Jerusalém*: um relato sobre a banalidade do mal. Tradução de J. R. Siqueira, SP: Companhia das Letras, 1999.

BARNES, John. A. *Class and committees in a norwegian island parish*. Human Relations, v. 7, n. 1, 1954, pp. 39–58. Disponível em: <https://doi.org/10.1177/001872675400700102>. Acesso em: 21 out. 2019.

———. Redes sociais e processos políticos, in FELDMAN-BIANCO, B. (org). *Antropologia das sociedades contemporâneas*: Métodos, SP: Global, 1987. p. 159-193.

BOURDIEU, Pierre. *O poder simbólico*. Tradução de F. Thomaz, RJ: Bertrand Brasil, Col. Memória e Sociedade, 1989.

FELDMAN-BIANCO, Bela. (org). Introdução. *Antropologia das sociedades contemporâneas*, São Paulo: Global, 1987.

FREUD, Sigmund. *Manuscrito inédito de 1931: edição bilíngue*. Prefácio de Alexandre Socha, tradução de Elsa Vera K. P. Susemihl e posfácio de Luís Carlos Menezes, SP: Blucher, 2017.

———. *Obras completas, v. 12: Introdução ao narcisismo, ensaios de metapsicologia e outros textos (1914 – 1916)*. Tradução de P. C. de Souza, SP: Companhia das Letras, 2010.

———. *Obras completas, v. 16: O Eu e o Id, "Autobiografia" e outros textos (1923 – 1925)*. Tradução de P. C. de Souza, SP: Companhia das Letras, 2011.

———. *Obras completas, v. 18: O mal-estar na civilização, Novas conferências introdutórias à psicanálise e outros textos (1930 – 1936)*. Tradução de P. C. de Souza, SP: Companhia das Letras, 2010.

———. *Obras completas, v. 19: Moisés e o monoteísmo, Compêndio de psicanálise e outros textos (1937 – 1939)*. Tradução de P. C. de Souza, SP: Companhia das Letras, 2018.

HALL, Stuart. *A questão da identidade cultural*. Tradução de A. B. M. Jacinto e S. M. Frangella, Campinas: IFCH/UNICAMP, Textos didáticos, v. 18, 3ª ed., jun. 2003, 98 p.

IANNI, Octavio. *A era do globalismo*. 12ª ed., RJ: Civilização Brasileira, 2014.

———. *A sociedade global*. 13ª ed., RJ: Civilização Brasileira, 2008.

———. *Teorias da globalização*. 17ª ed., RJ: Civilização Brasileira, 2013.

———. *O labirinto latino americano*. 2ª ed., Petrópolis: Vozes, 1995.

IPSOS. *Perigos da percepção 2018*. Disponível em: < https://www.ipsos.com/pt-br/perigos-da-percepcao-2018>. Acesso em: 22 out. 2019.

KEMP, Simon. *Digital 2022: global overview report*. 26 jan. 2022. Disponível em: <datareportal.com/reports/digital-2022-global-overview-report>. Acesso em: 13 fev. 2022.

LAPLANCHE, Jean. *Vocabulário de psicanálise*: Laplanche e Pontalis. Direção de Daniel Lagache, tradução de Pedro Tamen, 4ª ed. SP: Martins Fontes, 2016.

LÉVI-STRAUSS, Claude. *Antropologia estrutural*. Tradução de B. Perrone-Moisés, SP: Ubu, 2017.

———. *Mitológicas I*: O cru e o cozido. Tradução de B. Perrone-Moisés, RJ: Cosac & Naify, 2004.

———. *Tristes Trópicos*. Tradução de R. F. d'Aguiar, SP: Companhia das Letras, 1996.

LÖWY, Michael. *As aventuras de Karl Marx contra o Barão de Münchhausen*: marxismo e positivismo na sociologia do conhecimento. Tradução de J. Guimarães; S.F. Löwy, 7ª ed., SP: Cortez, 2000.

METZGER, Clarissa; SILVA JUNIOR, Nelson da. Sublimação e pulsão de morte: a desfusão pulsional. *Psicol. USP,* São Paulo , v. 21, n. 3, p. 567-583, set. 2010 . Disponível em <http://www.scielo.br/scielo.php?script=sci_arttext&pid=S0103-65642010000300007&lng=pt&nrm=iso>. acessos em 05 jan. 2021. https://doi.org/10.1590/S0103-65642010000300007.

PIKETTY, Thomas. O capital no século XXI. Tradução de M. B. de Bolle, RJ: Intrínseca, 2014.

RADCLIFFE-BROWN, Alfred Reginald. *Estrutura e função na sociedade primitiva*. Tradução de N. C. Caixeiro, Petrópolis: Vozes, 1973.

———. On social structure. *The Journal of the Royal Anthropological Institute of Great Britain and Ireland*, v.70, n. 1, p. 1-12, 1940. Disponível em: <https://www.jstor.org/stable/2844197>. Acesso em: 21 out. 2019.

ROUDINESCO, Elisabeth; PLON, Michael. *Dicionário de psicanálise*. Tradução de V. Ribeiro e L. Magalhães, RJ: Zahar, 1998.

SOUZA, Paulo César de. *As palavras de Freud*: o vocabulário freudiano e suas versões. SP: Companhia das Letras, 2010.

WEBER, Max. *A ética protestante e o espírito do capitalismo*. SP: Martin Claret, 2003.

———. *Conceitos básicos de sociologia*: Max Weber. Tradução de R. E. F. Frias e G. G. Delaunay, 5ª ed., SP: Centauro, 2008.

WEIL, Simone. *O Enraizamento*. Tradução de J. Cláudio e J. Ferreira, Lisboa: Relógio D'Água, 2014.

editoraletramento
editoraletramento.com.br
editoraletramento
company/grupoeditorialletramento
grupoletramento
contato@editoraletramento.com.br

editoracasadodireito.com
casadodireitoed
casadodireito